INICIACIÓN Y POSESIÓN RITUAL EN NIÑA
EN EL VUDÚ DOMINICO-HAITIANO

Daniel Dilón

Iniciación y posesión ritual
en niña
en el vudú dominico-haitiano

argos

PRIMERA EDICIÓN
ARGOS, AGOSTO 2019

Daniel Dilón
Iniciación y posesión ritual en niña en el vudú dominico-haitiano

ISBN ARGOS: 978-1688774612

Editorial Argos
Santo Domingo, República Dominicana
Teléfono: (809) 482 4700
email: libros@mail.com

Queda hecho el depósito que previene la ley sobre derecho de autor.

Los libros publicados por Editorial Argos están impresos en la República Dominicana en papel libre de ácidos, y su proceso de impresión cumple con las exigencias requeridas por las asociaciones de bibliotecas norteamericanas y europeas para garantizar su permanencia y durabilidad.

Introducción

Pese a que el vudú como manifestación cultural es bastante conocido en la República Dominicana, sobre todo en los bateyes donde se concentra una población mayoritariamente domínico-haitiana, todavía el estudio de sus particularidades simbólicas (rituales de iniciación, rol de los miembros de la familia, el rol estelar del parentesco en la posesión ritual, etc.) es materia pendiente de la antropología social y cultural dominicana, sobre todo para comprender en toda su magnitud el peso de esta importante expresión de la cultura popular en la vida psicosocial de las personas.

La exploración del ritual de iniciación en el vudú dominico-haitiano en el Batey Santana abre una línea de investigación importante para las Ciencias Sociales y para la Antropología en particular, dado que resultaría un estudio exploratorio que daría oportunidad a otras disciplinas, como la Psicología clínica, la Psicología social y la Psiquiatría, para una mejor comprensión del fenómeno y cómo éste impacta emocionalmente a los individuos y las expectativas de vida que se pueden derivar de estas creencias ancestrales.

El foco de la investigación lo constituye: El ritual de iniciación en una niña en el vudú dominico-haitiano en el Batey Santana de la provincia de Bahoruco.

El propósito del presente estudio por tanto, tiene interés en describir los rasgos específicos así como toda la simbología que rodea el rito de iniciación en una niña de nueve años. El hecho de que se trate de una persona en pleno proceso de formación física y emocional, hace presumir que no tiene plena consciencia y capacidad en la decisión de sus creencias, sin embargo está permeada por las creencias de sus progenitores. El peso del núcleo familiar que la induce a dar los primeros pasos en el ceremonial es de primordial interés para el estudio y un eje a partir del cual gira su desarrollo.

La familia toma como centro para mantener la tradición asumida a los hijos/as menores hasta llegar a la edad adulta. Sobre todo, aquel hijo/a que sea elegido/a para mantener la tradición o presenta ciertos "dones" o poder espiritual.

Es interesante entender que la familia y su entorno social y cultural juegan un papel determinante en la práctica religiosa en cualquier sociedad, y sobre todo, en el lugar donde se desarrollará el trabajo como es el batey Santana.

El método científico ha sido por excelencia la herramienta más conocida, influyente y determinante en conocer la intensidad de los eventos o fenómenos donde ha tenido alcance de la misma manera objetiva.

El proceso investigativo se resume en cuatro capítulos:

El capítulo I, contiene el planteamiento del problema, delimitación de la investigación, la pregunta de investigación, la justificación y el objetivo, tanto general como los específicos.

El capítulo II, presenta el marco teórico y antecedentes de la investigación.

El capítulo III, se refiere al diseño de la investigación: tipo, método y técnicas.

El capítulo IV, descripción y análisis de los resultados de la investigación en sus pasos a y b.

En primer lugar, se describe el ritual de iniciación en el vudú dominico-haitiano. Caso: niña en el batey santana que observamos.

Se realiza el levantamiento etnográfico del batey Santana, sus límites geográficos, demografía, actividades.

Además, este estudio, presenta las causas que determinaron y motivaron el proceso ritual de iniciación en la niña "Leandra" y la difusión de la misma. Es importante resaltar que este estudio está muy marcado con la temática socio-cultural, es ahí donde, conocerán el ritual motivador e integradora de la gente en la ceremonia vudú.

CAPÍTULO I
Planteamiento del Problema

1.1 Pregunta de Investigación

¿De qué manera la creencia en el vudú dominico-haitiano determina el proceso ritual de iniciación en niña del Batey Santana, Suroeste, República Dominicana 2014-2017?

1.2 Delimitación

No cabe dudas que los padres juegan un papel de primer orden con respecto a la formación de los hijos, y sobre todo, en el ambiente sociocultural, donde las creencias de los progenitores no deja de tener influencias o determinación en el comportamiento de los hijos (hijas) desde la infancia hasta cumplir su mayoría de edad.

Esa situación, por supuesto, se presenta en la familia objeto del estudio en el Batey Santana de la provincia Bahoruco, donde las creencias de los padres en la religión vudú generan también, unas creencias, en principio inconsciente en los hijos, específicamente en la niña sujeto de estudio.

En el Batey Santana los padres hacen participes a sus hijos en su creencia ordenándoles estar todo el tiempo necesario, les asignan el papel de asistente para comprar y buscar la vela, el ron, agua, pañuelo. Es decir, todo lo que simboliza y representa la fuerza de la creencia hacia los padres, porque además, los padres son servidores de misterios al igual que los tutores de esos niños (as), como son abuelos, tíos, tías y demás y que están muy comprometidos con la creencia de la religión vudú. En este caso a la niña, que es el sujeto de estudio, la hacen participe de esta situación.

Los niños (as) no participan voluntariamente de la ceremonia vudú. Tanto los padres como los tutores le imponen su participación en la misma. La decisión de los padres y la familia de inducir e imponer a los niños (as) es más bien buscar protegerlos a través de la creencia, sobre todo, de algún mal que pueda hacerle daño, o de una enfermedad.

Por lo regular acuden a ella, no tomando en cuenta como base primaria o inicial el procedimiento científico de la medicina y además otro elemento de importancia es mantener la tradición de la práctica vudú como vida central de la familia que pasa de una generación a otra.

Pero como responsable de ella son los niños(as) para así guardar y mantener la tradición a través del ritual de iniciación en el vudú, que es un proceso que compromete más a la familia, sobre todo, los padres con los hijos.

La niña a estudiar, como se ha dicho anteriormente, es la parte principal de esta problemática o situación que se vive en el batey Santana.

Las investigaciones que referidas al ritual de iniciación de niños en la religión vudú son escasas o inexistentes, por lo que el tema resultó atractivo y desde el 2001 el autor ha estado llevando a cabo una investigación exploratoria sobre el ritual de iniciación de niños y niñas, misma que desembocó en la exploración del ceremonial vudú en el Batey Santana, donde los padres hacen participes a sus hijos de sus creencias y prácticas religiosas y, como forma de introducirlos en la creencia, les asignan tareas relacionadas con objetos del culto, como, por ejemplo, comprar y/o buscar velas, ron, agua, pañuelos y otros objetos o artículos utilizados en el culto.

Es decir, los padres, que son servidores de misterios, ponen a los niños en contacto con todo aquello que simboliza y representa la fuerza de sus creencias religiosas. Lo mismo ocurre con los parientes cercanos de esos niños y niñas –abuelos, tíos, tías y otros parientes–, quienes están muy comprometidos con las creencias y *prácticas* del vudú. Se resalta que todo esto está relacionado con la iniciación paulatina de los niños y niñas en el mundo del vudú.

Teniendo en cuenta la inexistencia de investigaciones sobre el ritual de iniciación de niños en el vudú domínico-haitiano y motivado por la exploración sobre el tema al que se ha hecho alusión, el autor decide ampliar el horizonte de su investigación, haciendo más formal el tema en cuestión con una metodología de trabajo, a la que se hará referencia más adelante.

1.3 Justificación

El hecho de que hasta ahora no se conozcan investigaciones sobre el ritual de iniciación de niños en el vudú domínico-haitiano, justifica sobradamente llevar a cabo una investigación sobre esta temática en el ámbito de la antropología sociocultural.

Pero si además, se compara el ritual de iniciación de niños con el de los adultos y se estudia también el rol de los padres en la incorporación de los niños en las ceremonias religiosas de vudú, cobra mayor importancia este tipo de investigación.

Y si se tiene en cuenta el complejo fenómeno de la identificación paulatina del novicio con un ser o misterio del vudú y el fenómeno de la posesión que tiene lugar en el ritual de iniciación de adultos y niños, es indudable que se abre también un espacio a los estudios de psicología clínica y psiquiatría de cara a la infancia.

Además, es de gran interés conocer el rol que juega la relación de parentesco como estructura organizativa familiar en el vudú dominico-haitiano. Otro elemento relacionado es el parentesco ritual que establece un gran vínculo de relaciones socioculturales durante y después del ritual de iniciación.

Es de gran importancia prestarle atención al papel que juegan los creyentes y practicantes del vudú dominico-haitiano, entiéndase la comunidad que participa en ella, por eso es necesario tomar en cuenta ese vínculo con la familia que celebra el ritual de iniciación. Por ello tiene tanta importancia la relación que se da entre la familia y la comunidad que hace posible su apoyo para la celebración de dicho ritual.

1.4 Objetivos

1.4.1 Objetivo general

Describir el ritual de iniciación en el vudú dominico-haitiano, Caso: Niña, en el Batey Santana y analizar el comportamiento de la iniciada y su familia y de la comunidad religiosa en las etapas del ritual que se verifican en la ceremonia de vudú.

1.4.2 Objetivos específicos

1. Identificar el ambiente sociocultural de la familia en la asimilación de la niña del ritual de iniciación y los elementos clave que lo determina.
2. Describir el comportamiento de la niña durante el ritual de iniciación en el vudú dominico-haitiano.
3. Identificar el comportamiento de la niña después del ritual de iniciación.

CAPÍTULO II
Marco teórico

2.1 Antecedentes

"Los ritos de iniciación del vudú haitiano:1) los ritos previos de purificación, 2) la ceremonia del chiré aizan o deshilachamiento de las ramas de palma, 3) El aprendizaje de las danzas y canciones del vudú, 4) el retiro, postración y azotaina ritual del iniciado, y 5) la ceremonia del lavé têt o instalación ritual del loa en la cabeza del iniciado"[1]

Estas son las fases del ritual de iniciación de los adultos en el vudú haitiano, donde se ha tratado con maestría y claridad. Esto implica una serie de compromisos basados primero en el aprendizaje de los iniciados, y segundo, servir y cumplir con los dioses y los ancestros.

"Esta iniciación está constituida por ritos de purificación que preparan a una nueva vida. Es una muerte simbólica que prepara la resurrección de un ser, despojado de

---

1   Metrox, Alfred: Vodu, Editora Sur, Buenos Aires, 1958. 166-173

toda vanidad y de toda ambición, purificado, y que se convertirá en un vaso digno de recibir a los espíritus loas" [2]

El despojo de la vanidad es, más bien, su dedicación y compromiso con los seres sobrenaturales, y asimilan el aprendizaje para poder entrar a un mundo nuevo y convivir con los "seres" o "santos".

> "El ritual de iniciación comprende una parte preliminar llamada "Haussement" (alzamiento, exaltación), que hace pasible al neófito o neófita de padecer crisis desordenadas de loas o misterios, y una parte final de la iniciación, que corresponde a la "kâzo" o "kan-zo" (iniciación de fuego) propiamente dicha"[3]

Estas dos fases constituyen la iniciación obligatoria para ser miembro del vudú. Esta iniciación obligatoria puede ser seguida por una segunda iniciación, para aquellos o aquellas que quieren llegar a ser houngans o mambó.

El autor participó en una ceremonia de vudú dominico-haitiana en el batey Isabela que está en la provincia Bahoruco, enero 2013.

La participación de la gente en la ceremonia vudú era entusiasta. En su mayoría cantaban bailaban, bebían ron, etc. Llegada las 10:00 de la noche la gente empezó a vocear. Un niño había caído en posesión ritual, es decir le subió un ser o santo, empezó a bailar, a tirarse en el suelo, paró pocos minutos, luego cayó una niña en posesión, empeza-

---

2   Maximilien, Louis, Le Vodou Haitien: Rites Radas Canzos. Imprimiere de L`Etat, port-au-Price Haití 1945. 80

3   Paul, Emmanuel: Panorama del Folklore Haitien Presence Africane en Haití, 1978. 302

ron a bailar juntos, se abrazaban, se tiraban en el suelo, los asistentes le dieron agua; con una vela encendida, hacían el saludo, se escuchaba gritos de ánimo de la gente. Decían que eran hermanos, posteriormente se pudo comprobar que no solo eran hermanos, sino mellizos, tenían 11 años, durante la posesión eran protegidos por su familia y la gente, para que no se dieran un golpe, gritaban mucho, no tenían control de su cuerpo.

En la ceremonia vudú se observaron dos casos más de dos niños de 12 años, sobrinos de Hilio el servidor de misterio, que se montaron (es decir cayeron en posesión ritual), cambiaron la mirada, movieron los ojos para un lado, bailaron y luego entro la madre a verlo y se calmaron, duraron muy poco tiempo como dos o tres minutos. Solo fue un corrientazo.

En la comunidad de Cachimbá, perteneciente al batey Santana, en una ceremonia vudú, se observó a personas adultas participando en la misma, además varios adolescentes en esa ceremonia cayeron en posesión ritual las adolescentes, en esta no hubo una iniciación ritual exclusiva, particularizado con ellos fue espontaneo en el momento, gritaban, cantaban, bailaban, comían, hablaban, fumaban, saludaban y sonreían mucho.

> "Cuando un dominicano quiere conocer el vudú a fondo o hacerse iniciar en el mismo, se marcha a Haití y allí se hace iniciado. Los vudúistas dominicanos consideran que los más grandes centros vudúistas se hallan en Haití y que los sacerdotes o sacerdotisa de dicha religión, en ese lugar, son los más poderosos, porque poseen los poderes más extraordinarios" [4]

---

4   Patín Veloz, Enrique: El vudú y sus Misterios, Republica Dominicana del Folklore.1974.142-143

Prácticamente esto hace referencia, a iniciación de adultos en el vudú, sin embargo en el vudú dominico-haitiano, se realizaron iniciación de niños y niñas y no hay que ir a grandes centros en Haití.

"En Santo Domingo, los ritos de iniciación de los brujos vudúistas la mayoría de las veces se limitan al cumplimiento de algunas pruebas, si estas son impuestas por la divinidad, o al bautizo, ceremonia que tiene por objeto "desarrollar" el ser, Z., un brujo de Baní, fue sometido a las siguientes pruebas:
Ayuno.
Uso de ropas de promesas
Dormir bajo la cama
Bañarse con hojas de agua tibia
Comer carne con gorros
Masticar ceniza y sal
Caminar descalzo tres kilómetros diarios
Beber una infusión hecha con uñas de mulo negro
Construir un altar, etc."[5]

Estas son fases preparatorias que se deben cumplir, que pueda serle confiable al santo y el santo con la persona y así poder trabajar con el poder del santo convirtiéndose en servidor de misterio, pero esa fase solo se cumple con personas adultas.

"Las dificultades que muchos tienen para reunir la suma requerida y la diversidad de circunstancias que pueden llevar a una persona a hacerse iniciar, explican las diferentes edades de los novicios, niños muy pequeños son sometidos a la iniciación si los padres consideran que les resultará sa-

---

5   Deive, Carlos Esteban: vudú y Magia en Santo Domingo, República Dominicana. Editora Taller. 1975.199

ludable y que poseen los medios necesarios para hacer frente a los gastos. Conocemos el caso de una niñita de cinco años a la cual se le hizo hacer el Kanzo por un mambo que deseaba testimoniarle su afecto y asegurarle el porvenir. La mujer en cinta que se hace Kanzo beneficia al niño que lleva en su seno con las ventajas de la ceremonia".[6]

Esta precisión expresada y demostrada es de gran interés, por lo que servirá de sustentación para este estudio. Se puede decir que no solo en el vudú dominico-haitiano se realiza ritual de iniciación en niños y niñas, es posible que en Haití haya objetivos diferentes o parecidos al ritual de iniciación dominico haitiano, pero lo que más importa es que en Haití los niños y niñas son iniciados.

2.2 Revisión Bibliográfica

En esta parte se presentaran momentos importantes que son:

a) Definición del vudú, b) Orígenes e historia del vudú, c) El vudú en Haití, d) El vudú Dominicano y e) El vudú dominico-haitiano

a)   Definición del Vudú

"El vudú, un conjunto de creencias y de ritos de origen africano, estrechamente mezclado con prácticas católicas, constituyen la religión de la mayor parte de los campesinos y del proletariado urbano de la República Dominicana y de Haití".[7]

---

6   IBID. P. 168

7   IBID. P.9

Resulta interesante porque resalta su influencia en la creencia en el vudú, con el mundo vivo, entiéndase la sociedad, esa influencia está determinada por fuerzas y energía espiritual que los creyentes sienten.

> "El vudú es una religión porque enseña la creencia en Dios en los luases o espíritus que como los dioses de otras religiones ayudan a premiar o castigar al hombre. Los dioses del vudú se encuentran agrupados en 21 divisiones o jerarquías".[8]

Esta definición es bien influyente en los creyentes, porque presenta dos momentos importantes: el primero es que los creyentes sienten y creen en Dios, el Rey del universo, que de él dependen todas las fuerzas espirituales, y finalmente en un segundo momento creen y están los seres espirituales ("loa", "ser", "misterios").

> "El vudú es una religión porque todos sus adeptos creen en la existencia de seres espirituales que viven en algún sitio en el universo en estrecha intimidad con los humanos cuya actividad dominan".[9]

Esta definición cobra mucho sentido en la creencia de la gente que lo practican y lo asumen por la fuerza sobrenatural que se manifiesta a través de símbolos y estos símbolos tienen sentido espiritual que funciona como vía o intermediaria espiritual sobrenatural y el mundo terrenal que son los creyentes.

---

8   IBID. P.141

9   Price Mars, Jean: Así Hablo el Tío, Santo Domingo, República Dominicana, Editorial Manatí. 2000.58

"vudú como mundo simbólico por excelencia se manifiesta una búsqueda de sentido. En el interior de esta búsqueda se hacen presentes el problema religioso y el problema de la finitud histórica del hombre".[10]

La creencia en el vudú, mantiene un vínculo de unidad entre los creyentes, además, tienen algo en común, que es el sentido que le dan, manifestándolo en la práctica, cumpliendo con los "seres", "loas", "misterios", para que los protejan junto a su familia y garantizarle un empleo, tener suerte en la lotería, garantizarle un viaje en el extranjero y conseguir trabajo, gozar de buena salud con su familia, de esa manera resuelve su problema religioso y sus necesidades sociales.

b)   Orígenes del Vudú

"Se inicia con la llegada de los primeros contingentes de esclavos a Santo Domingo en la segunda mitad del siglo XVII. Autores como, Moreau de Saint-mery que describió: " las condiciones sociales y económicas de Santo Domingo hacia la época Colonial; se complacieron en enumerar las numerosas poblaciones africanas de las que habían encontrado representantes en las poblaciones: senegalenses, wolof, fouble, bambara, queamba, arada, mine, caplau, fon, mahi, nago, mayombe, mondongue, angolenses, etc."[11]

La tesis que plantea la aparición del vudú con la llegada de los esclavos africanos constituye la más congruente con

---

10   Hurbon, Laennec: Dios en el vudú Haitiano, San Antonio de Padua, Argentina. Ediciones Castañeda. 119-120

11   IBID. P. 17

todas las evidencias documentales. Todavía no se ha demostrado que antes de la llegada de los esclavos africanos había vudú, se tuvo que dar un contacto cultural básicamente en la religión de los esclavos africanos y la religión católica. Pero solo se habla de contacto entre la religión católica y los esclavos africanos, no se habla o se habla muy muy poco del contacto cultural entre los esclavos africanos antes de llegar al nuevo mundo, sobre todo en la religión. Es muy probable que se diera ese contacto, ya se conocían esa tribu y eso facilitó una nueva adaptación religiosa que se asimilo con mucha facilidad lo que hoy se conoce como vudú.

> "Que la historia del vudú está íntimamente asociada al proceso de formación étnica del pueblo haitiano y se remonta al periodo de la llegada de los primeros esclavos a la parte occidental de la isla de Santo Domingo bajo dominio francés".[12]

Esa formación étnica del pueblo haitiano está marcada en un primer momento por los esclavos africanos, culturalmente hablando sobre todo en el aspecto religioso que es vudú, la cual interesa mucho para el estudio; no se puede hablar de una formación étnica unilateral que a veces aparenta ser y eso confunde, esa formación étnica se tiene que ver con la presencia de los amos franceses, no solo con su religión que es la católica también, además se puede observar que en los canticos en el vudú aparecen conceptos o palabras en francés.

La afirmación de que el vudú fue introducido en la isla por los esclavos africanos, parece que es una posición muy

---

12   IBID. P. 126

absoluta, por eso es preciso formular algunas preguntas con respecto a lo planteado:

1. ¿Podría haber vudú en la isla solo con la llegada de los esclavos africanos?
2. ¿Podría haber vudú en la isla sin el contacto con la religión católica y la religión de los esclavos africanos?
3. ¿Se puede hablar de vudú en la isla por el contacto cultural entre la cultura española, francesa, esclavos africanos y los esclavos indígenas?

"Para Peñolguin, el primer libro y autor dominicano sobre el vudú, este vino de África y Haití y de allí a la Republica Dominicana (1940), lo mismo va a escribir Manuel Tomas Rodríguez en su libro Papa Legba al igual que Miguel Ángel Monclús, con su Apunte Sobre Haití, 1952; y M.R. Cruz Díaz, en su libro Supersticiones Criminológicas y Medicas, apuntes folclóricos, escrita en el 1944, publicada en 1965".[13]

Se desconoce la base teórica empírica en la cual se sustentan esos autores para afirmar que el vudú pasa de África a Haití y luego a la República Dominicana. Entonces, ¿quiere decir que ya existía el vudú antes de llegar a la isla?, Esa afirmación es peregrina, puesto que los africanos ya tenían su práctica religiosa en África, pero es poco probable que a esa práctica se le llamara vudú; posiblemente el concepto vudú nace en la isla y no en África, porque lo que diferencia el concepto en ese caso es el comportamiento

---

13   Tejada Ortiz, Dagoberto: vudú en Dominicana y en Haití, República Dominicana, Editora INDEFOLK, 2013. 172

cultural, que es diferente a como se practicaba en África, no importa si en África le llamaban vudú, pero ya en la isla cambia, por el contacto cultural con otros grupos sociales y culturales.

c) *El Vudú en Haití*

"Hemos visto que el vudú se presenta en dos formas: una doméstica y otra pública. Esta última se tratara aquí. Efectué la mayor parte de mis observaciones en puerto príncipe donde los santuarios son numerosos y prósperos y el ritual tiene refinamientos y sutileza de que carecen los cultos rústicos. Se puede creer fácilmente que las tradiciones más puras y ricas se encuentran en los valles más alejados, lo poco que he podido ver del vudú rural me ha convencido de su pobreza ritual en relación con el de la capital. La simplicidad de aquellas prácticas no es siempre una garantía de antigüedad. A menudo es el resultado de la ignorancia y del olvido, algunos rasgos africanos sin duda se han conservado mejor en los lugares apartados del país que en los suburbios de Puerto Príncipe, pero poco nos interesa la pureza de la herencia africana".[14]

Es muy riesgoso la afirmación de que el vudú rural tenga pobreza ritual en comparación con la capital, con eso se contradice, porque él ha observado poco el vudú rural y sigue diciendo que algunos rasgos africanos sin duda se han conservado mejor que en los suburbios de Puerto Príncipe, entonces, la pregunta es ¿pobre el ritual o es que en la zona rural han conservado la tradición a diferencia el de la capital, que ha tenido diferentes cambios o trans-

---

14   IBID. P. 49

formaciones por medio de la presencia de los turistas para poder agradarle el ambiente?

> "En su casa, al abrigo de todas las miradas indiscretas, el prácticamente de vudú, iniciando o no, rinde un culto a su loa-raíz, loa heredado de su familia desde el nacimiento, autentico patrono que le asegura protección en todas su empresas y en los momentos difíciles. Este culto es celebrado ante un oratorio, mesa pequeña cubierta con un mantel sobre el cual se colocan ramilletes de flores y el símbolo del loa o su imagen en cromo; en general la imagen del santo católico corresponde a ese loa".

> "Como culto familiar es colectivo, el vudú se practica generalmente en el humfo. Es allí donde los miembros de una familia inclusive los dispersas durante el año, se reúnen en diferentes ocasiones para celebrar el culto de los loa. Pero ante todo, el humfo se relaciona con la organización de una cofradía. Cada cofradía es autónoma con respecto a otros. Sin embargo existen algunos que atraen más fieles que otros a causa del prestigio del lugar".[15]

Hablar de prestigio del lugar en el vudú, es la confianza que le tienen los fieles o creyentes por haberle resuelto problemas de salud o algunas otras situaciones, conseguirle trabajo, evitarle la muerte por alguna brujería, etc. Ver el vudú como culto personal, no es más que el cumplimiento del creyente con sus seres o loa, para evitar que muera su familia, incluyendo la persona que está cumpliendo, además evitar que el loa lo castigue y le quite lo poco o muchos bienes que tenga.

---

15   IBID. P. 88-89

d)   El Vudú Dominicano

"El vudú dominicano procede del haitiano pero entre nosotros está experimentando grandes cambios que con el tiempo lo harán diferir de su progenitor haitiano. Dicho vudú, resulta de la mezcla del vudú haitiano con el espiritismo Kardeciano. Por eso tiene una forma tan diferente de la haitiana.

Los vudúistas dominicanos, por lo regular no tienen templos propios, no practican el ritual vudúista, apenas si hacen sacrificios animales, no tienen un sacerdocio organizado, no poseen sociedades secretas, etc. y lo que es más curioso aun, no se creen vudúistas sino espiritistas materiales, porque le llaman vudú, espiritismo material, y a los loases, espíritus materiales".[16]

Hablar de que el vudú dominicano está experimentando cambios, es una afirmación que el autor no comparte; lo que se puede identificar es que en República Dominicana existe una religiosidad popular que forma parte de su identidad como se conoce: la salve, fiesta de palos, las veladas, el maní, atabales, etc. Que no es vudú dominicano. A esas expresiones es que se le llaman cambios y eso lo hace diferente del vudú haitiano. Algunas de esas expresiones poseen elementos culturales del vudú haitiano.

"En la República Dominicana en cambio, el vudú se presenta como una expresión inveterada. El cuerpo sacerdotal no existe, la iniciación apenas se esboza como un "Bautizo que autoriza y legitima a los practicantes como "servidores de misterios" más o menos el mismo equivalente que una "Hunsi" del vudú haitiano, salvo que en la

---

16   IBID. P. 143

cultura dominicana, la servidora o el servidor de misterios lo es todo, él es el culto en sí mismo. De igual modo no se observa la interiorización ni practica de una teología para explicar la naturaleza divina de los casos más allá de los principios cristianos más ortodoxo. Lo que se conoce como "Vudú dominicano" parece expresarse como una práctica subcultura religiosa cuya naturaleza parece ser un resultado del contacto histórico entre ambas naciones y sus culturas, donde determinadas manifestaciones religiosas afro sincréticas parecen haberse re-sincretizado, a su vez, con las formas vudúistas de la vecina nación, promoviendo un culto que incorpora incluso las formas del lenguaje ritual en los términos de la lengua creole hablada en Haití".[17]

El contacto histórico entre la cultura dominicana y la cultura haitiana resulta interesante como lo plantea la cita anterior sobre la aparición del vudú, el que llaman dominicano. Pero sería más interesante no olvidar otro grupo étnico que jugó un papel de suma importancia en la identidad de la cultura dominicana, que fueron los esclavos africanos. Y esa expresión cultural más el contacto cultural, arriba citado, es lo que se puede llamar religiosidad popular dominicana. Resulta de gran aporte como expresión cultural.

"Una gran parte de los luases dominicanos procede del panteón haitiano, por lo que generalmente conservan los mismos nombres si bien morfológicamente trasformados debido a como sucede en la voz lúa, a las simples

---

17   Peguero, Luis Alejandro: Religiosidad Popular La Cuestión del vudú Dominicano, República Dominicana. Boletín No.27. 1999. Museo del Hombre Dominicano. 194-195

transcripciones fonéticas de los mismos. Mas, al igual que ocurre en Haití, el olimpo dominicano se ha enriquecido también con misterios extra africanos. Existen, por ejemplo, luases locales, los cuales se limitan a darse a conocer a un fiel u oficiante en particular en el transcurso de la posesión de estos, sin que sus apelativos trasciendan más allá de las fronteras de una comunidad o región. Hombres y mujeres que, en vida se distinguieron como líderes religiosos, jefes militares o guerrilleros, etc. son incorporados igualmente en calidad de sanes, al panteón dominicano, tal aconteció con Viviana de la Rosa, fundadora de un culto mesiánico; Ciprian Bencosme y Enrique Blanco opositores de Trujillo.

Finalmente, hay en el vudú dominicano una categoría de luases exclusiva de el: son las divinidades de la división india o del agua, integrada por caciques quisqueyanos, históricamente reales unos, imaginarios otros. Esta categoría no existe, hasta donde pude averiguar, en Haití, y se entiende que sea así porque en el vecino país se conserva la tradición indígena".[18]

Comenzar diciendo que si se afirma que en el vudú dominicano hay una categoría de luases exclusiva de él, como son las divinidades india o del agua, integrada por caciques quisqueyanos, y que esa categoría no se da en Haití, ya ahí comienza a marcar diferencia con el vudú haitiano y a lo que llaman vudú dominicano, que no es más que la religiosidad popular dominicana.

Sin embargo el vudú haitiano y la religiosidad popular dominicana tienen un origen en común, primero de un mismo grupo racial es cultural y su expresión cultural reli-

---

18   IBID. P. 171

giosa, segundo Haití fue colonizada por los franceses donde impusieron su religión que era y es la católica; no hay dudas que ellos les impusieron a los esclavos africanos su religión para su "salvación"; tercero del lado oriental de la isla hoy República Dominicana fue colonizado por los españoles que tenían y tienen su religión oficial que es la católica al igual que los franceses; no hay dudas por tanto que ellos impusieron su religión a los esclavos africanos de ese entonces.

Esos esclavos de ambas partes geográficas asimilaron la religión Católica impuesta, más su religión, así nació como lo que se conoce el vudú haitiano y de la parte oriental llámese República Dominicana nace la religiosidad popular dominicana es evidente que no se puede negar que ha habido un contacto cultural religioso entre el vudú haitiano y la religiosidad popular dominicana, por esa razón se observa y se manifiestan elementos culturales del vudú haitiano en la religiosidad popular dominicana.

"El vudú dominicano, tal como está estudiado en esta obra, es un tipo de culto afro dominicano que forma parte de la religiosidad popular dominicana. Por una parte, representa la "variedad oriental" de un culto popular que abarca la isla Hispaniola entera. Pero, por otra parte, difiere con la "variedad occidental" del mismo, en el sentido de que en Haití el vodou es sinónimo de religiosidad popular; mientras en la República Dominicana el vudú es un culto entre varias organizaciones y manifestaciones religiosas populares. Pero todas, inclusive el vudú, están regidas por una misma cosmología, una misma visión del mundo natural humano y espiritual".

El dominicano se identifica con el culto afrodominicano que forma parte de la religiosidad popular a través de fiesta de palos, salves, atabales, veladas, maní, entre otros, estas manifestaciones religiosas no las identifica como vudú.

e)   El Vudú Dominico-haitiano

"El vudú del batey encierra un cuadro cultural de predominio dominico-haitiano, en una especie de hibrido cultural. En el campo sagrado el predominio del vudú es un hecho que no se puede desestimar. Aunque las distintas religiones protestantes están penetrando fuertemente el mundo sagrado del batey, el vudú tiene sus seguidores, que aunque ante el desconocido no se asumen como tales, la mentalidad y el mundo de la vida de la mayoría de sus moradores están bajo el influyo del vudú. Esta modalidad del vudú la consideramos dominico-haitiana, por la presencia de dominicanos en "sociedad" grupos de creyentes y practicantes, sea como músicos, consultantes, invitados especiales, corresponsales del culto, en cumplimiento de promesas, bailando, cantando, como caballo de misterios, "place" (ayudante). Sin embargo, la estructura y desarrollo, es decir, la liturgia y los signos del culto recaen sobre dominicanos de origen haitianos propiamente. La música, los cantos, la lengua cultural predominante es del vudú haitiano, aunque con algunos componentes dominicanizados, lo cual lo convierten en un culto hibrido y por las razones anteriormente expuestas, también lo integramos a las modalidades del vudú dominicano, porque tampoco ese culto, como se practican en el batey, es asimilable al vudú de la Republica de Haití".[19]

En investigación de campo se confirma la afirmación anterior. Además hay otros elementos encontrados que

---

19   Andújar Persinal, Carlos: Identidad Cultural y Religiosidad Popular, Republica Dominicana. 1992. Editora Corripio.95-96-97

sustentan esa definición, como son la vestimenta que simboliza a los seres (loa) es haitiana y dominicana; la gastronomía por igual, la bebida dominicana, además los instrumentos vinculados son dominicanos, también se usa en el vudú haitiano, el espacio de celebración del vudú dominico-haitiano se hace en el batey es un espacio o territorio dominicano, esta presenta la patrona dominicana, que es la virgen de la Altagracia, sobre el idioma, se comunican en creole y en español otro elemento importante es que los padres de "Leandra" son haitianos y ella es dominicana.

Todas estas informaciones o hallazgos, fueron encontrados o se evidencian en la ceremonia del ritual de iniciación en el vudú dominico-haitiano caso niña Leandra en la enramada donde viven los padres de la niña, mediante la técnica clásica de la antropología que es la observación participante.

> "Hay tres creencias generalizadas en República Dominicana en torno al vudú y sus prácticas: 1) El vudú se practica solo en los bateyes. 2) El vudú es una práctica haitiana. 3) El vudú es satanismo, hechicería y magia negra". [20]

En particular, interesa al presente estudio, el planteamiento primero y segundo que hace el autor. En respuesta a la primera afirmación, es cierto que es en los bateyes que se practica el vudú. Ahora bien, hay que aclarar que, aunque alguien no practique vudú, no significa que no consulte al hungan (sacerdote vudú) sobre algún proble-

---

20   Toribio, Juan Francisco: Pobreza y Discriminación en el Edén del Caribe: Herencia del Ingenio Azucarero, Santo Domingo, República Dominicana, Triunfo Fast Printing. 2012.37

ma (de salud, dinero, trabajo, amor...) muchos católicos están entre sus asiduos clientes. Aunque eso tiene que ver con la mentalidad mágica de muchos católicos (encender velas, consultar horóscopos...). Algo verdaderamente impresionante es ver desfilar cada día por la consulta (donde el hungan del batey) a muchos dominicanos de los campos y ciudades (y también de Nueva York, España, Miami y otros lugares), para luego salir con la expresión de que el vudú es cosa de bateyanos.

Hasta ahora se conoce que el vudú solo se practica en los bateyes rurales y en los bateyes centrales, donde están concentrados los ingenios, es decir la fábrica donde se produce el azúcar de caña, y en vudú es dominico-haitiano por una adaptación sincrética.

> "La respuesta a la segunda afirmación se deriva de la anterior. Como en R.D se afirma que en los bateyes viven solo haitianos y como allí se practica vudú, la consecuencia es que el vudú es haitiano. Entre los expertos en el tema hay dos teorías acerca de cómo llego el vudú a la R.D. La primera dice que surgió de los esclavos traídos a esta parte de la isla. La segunda afirma que llego por influencia haitiana (en el período de 1822-1844). La más aceptada es que el vudú existía desde antes de la ocupación de los haitianos a R.D, solo que el contacto con el vudú haitiano le dio unidad al vudú dominicano, pero el vudú dominicano tiene sus propias características y su práctica en todo (es interesante visitar cualquiera de los cementerios de la capital y llegar hasta la tumba del barón del cementerio; que siempre está lleno de dominicanos haciendo sus ritos)"[21]

---

21   IBID. P.37

El autor afirma lo que se dice en la República Dominicana, de que el vudú en los bateyes es haitiano, el no habla
de un vudú dominico-haitiano, que si existe en los bateyes,
no hay un planteamiento de como llego el vudú a los bateyes que es lo que más interesa, no como llegó a la República Dominicana, única y exclusivamente, y sobre este último se plantea dos teoría como llego el vudú a la Republica
Dominicana, pero no dice quiénes fueron los expertos que
plantearon esas teorías.

Hay que destacar que el autor no trabaja el vudú como
problemática o temática central de su trabajo, hace mención de ella como aporte a la cultura del batey de los inmi-
grantes haitianos y su descendiente.

> "El batey azucarero, se constituye en espacio de acción
> para múltiples prácticas sociales cuyos orígenes formales
> se encuentran en el vudú de Haití. Su recomposición en el
> mismo contexto agroindustrial ha propiciado readaptacio-
> nes sincréticas del culto que incluyen las manifestaciones
> rituales de la rará expresión socio-religiosa tradicional en
> la región central de Haití (departamento de L'Artibonite)
> durante la Semana Santa. En el batey dominicano a la mis-
> ma tradición se le llama Gagá (por complétala de la voz
> haitiana rará) que como el rará, tiene por contexto natural
> de expresión de semana santa". [22]

No cabe duda de que una de la práctica sociales y culturales del batey no solamente tiene su origen en el vudú de
Haití, sino también en el vudú que se practicaba en la zona
fronteriza, que luego llego al batey y ese vudú se le podría

---

22   IBID P. 194-195

llamar dominico-haitiano porque se produce en un contacto cultural o sincretismo cultural, con la religiosidad popular dominicana.

Para el estudio el planteamiento tiene suma importancia, es muy interesante prestarle la debida atención, no solo por el contacto histórico de ambas naciones República Dominicana y Haití; se olvida de que en la isla en general, hubo esclavos africanos, no se puede negar ni olvidar esa particularidad, que en la parte oriental estaba presente la manifestación cultural, de esos esclavos negros africano sobre todo en lo religioso.

Ahora bien el contacto con Haití, más la expresión cultural religiosa de los esclavos africanos en la parte oriental de la isla, no parece que haya dado origen a lo que llaman hoy el vudú dominicano, se puede decir que las manifestaciones populares religiosas son diferentes, sin negar que haya elementos culturales del vudú haitiano expresados en la cultura religiosa popular de la República Dominicana.

Por otra parte, si el "bautizo" autoriza y legitima para ser practicante como servidor o servidora de misterio en la Republica Dominicana, no necesariamente tiene que existir como en Haití un cuerpo sacerdotal, pero si se puede asegurar que la persona autorizada y legitimada para "bautizar" tiene que ser un servidor o servidora de "misterios" que en Haití tiene otro nombre.

"A cada lado de la frontera dominico-haitiana han surgido sistemas de vudú, distintos y parecidos a la vez, cada país ha desarrollado en esto su propia organización cultural. Ambos tienen elementos comunes y otros que son diferentes, lo que deriva por un lado, de sus raíces, que en ambos casos se hunden en África y en Europa y por el otro, de experiencias históricas particulares".[23]

Este planteamiento hace pensar, que ya se venía creando el ambiente, sea por necesidad, sea de forma espontánea, el contacto cultural, sobre todo, en la creencia religiosa y así darle una nueva forma de expresión para que posiblemente comenzara el vudú dominico-haitiano en esa zona geográfica.

"Si asumimos la tesis del desarrollo particular del vudú dominicano, el vudú que se practica en la frontera contiene un conjunto de aspectos muy analógicos con el origen haitiano, donde es notable su influencia en diferentes estructuras simbólicas rituales. Es decir que independientemente de sus raíces originales, el vudú que se practica en la frontera de Elías Piña, articula elementos propios del vudú dominicano y del haitiano. La influencia haitiana se expresa en la integración de algunas bases (barón somedi o barón del cementerio), así como de cantos y plegarias cantadas en creole".

"En esta provincia existen comunidades ubicadas en la misma línea fronteriza donde se practica un vudú con claras influencias haitianas, tales como pinzón, rinconcito, la laguna y la tinaja. En sus ceremonias estas sociedades de vudú utilizan como lenguaje ritual base el español, pero algunos de sus cantos e invocaciones se hacen en creole. En la medida que un practicante del vudú conoce la lengua creole es considerado como una persona poseedora de sabiduría. Este fenómeno contrasta con las cotidianidad del mundo urbano de las principales ciuda-

---

23   Rosenberg, June: El Gaga: Religión y Sociedad en un Culto Dominicano- Un Estudio Comparativo- Santo Domingo, República Dominicana. Editora UASD. 1979. 167. Capítulo X

des del país donde hablar en creole es motivo de burla y extrañeza".

"En los cultos de vudú de la frontera se utilizan un conjunto de simbología rituales similares al vudú haitiano, tales como el sacrificio de animales, danzas, toques de tambores, el uso de la sangre como fuente de energía vital, el símbolo de los Vevé. Asimismo, tanto en Haití como en República Dominicana, los practicantes del vudú se basan en el secreto y el refugio en áreas rurales aisladas".[24]

Lo expuesto anteriormente resulta interesante ya que expresa con mucha lucidez y claridad algunos juicios con respecto al tema. Se puede decir que la práctica del vudú dominico-haitiano surge en la zona fronteriza y no en los bateyes, esos elementos culturales que se manifiestan en el vudú de la zona fronteriza, solo son propia de esa zona, que es influencia del vudú haitiano y a lo que llaman vudú dominicano, que para mí es religiosidad dominicana y a esas influencias o más bien ese sincretismo cultural, aunque no lo diga en la lectura anterior por el autor, creo que podemos llamarle vudú dominico-haitiano.

La convivencia comercial y cultural, siempre se dio históricamente entre dominicanos y haitianos en toda la zona fronteriza mucho antes del surgimiento moderno de la industria azucarera llámese ingenio azucarero, lo que sin dudas generó acercamientos o influencias culturales de tipo ceremonial entre el vudú haitiano y la religiosidad dominicana, lo que llaman vudú dominicano. Quiere decir que esta relación iba constituyendo una práctica socio-cultural llamada vudú dominico-haitiano.

---

24   Matías, Bernardo: Aportes de la Cultura Haitiana en la Frontera Dominicana. Estudio Exploratorio. Helvetas. Editora Búho. Santo Domingo, República Dominicana. 2001.30kl

"Por último los haitianos que vinieron al país en términos de miles a finales de la década del diez, durante la ocupación norteamericana, a laborar en la zafra azucarera y en los trabajos de obras públicas llevadas a cabo por ese gobierno, constituye como reza un slogan de promoción turística de nuestro país en el exterior "el secreto mejor guardado" de la sociedad dominicana".[25]

Aun con la presencia industrial azucarera, los haitianos fueron los últimos grupos sociales, contratados para laborar en la zafra azucarera que fue en el 1916 y ya en la frontera se daba como dije anteriormente una relación cultural entre haitianos y dominicanos.

"El llamado vudú dominicano religión que se basa en posesión ritual, le llaman subir al fenómeno síquico mediante el cual el médium ("Caballo") cae en posesion ritual, suponiéndose que la deidad ("lua", "ser", "misterio") le sube, eso es, asciende desde los pies hasta ocupar completamente su cuerpo".[26]

"Que la posesión ritual es el resultado de una codificación cultural mediante esos significantes privilegiados que son los mitos. Esa codificación posee un valor terapéutico. El sacerdote al inducir al espíritu a que revele su nombre lo obliga a manifestarse según un código admitido por la tradición. La posesión ritual requiere ciertas condiciones, ella se inscribe en un marco de espacio temporal que incluye personajes y estímulos sometidos a determinada organización".[27]

25   Del Castillo, José. Las Inmigraciones y su Aporte a la Cultura Dominicana. En Ensayos sobre Cultura Dominicana. Museo del Hombre Dominicano. Santo Domingo 1981.209

26   IBID. P.69

27   Bogaert García, Huberto: Enfermedad Mental, Psicoterapia y Cultura. Ins-

Muy de acuerdo, la cultura expresada por las gentes lo manifiesta como ya se sabe, material y espiritualmente, la cual elige el significado que le pueda dar, en este caso de la posesión ritual siempre está presente como elemento base y determinante, los dioses sobrenaturales. Ahora bien, en Antropología no existe una codificación cultural terapéutica. Lo que existe es una relación entre el creyente y su "ser" o "santo" por medio de símbolos como ente u objeto mediador para que el creyente y practicante del vudú caiga o entre en posesion ritual.

"La posesión ritual es el momento de mayor trascendencia de toda celebración vudú en el cual se manifiesta plenamente el misterio materializado. La forma ya sea natural, o adquirida a través del aprendizaje".[28]

No cabe duda como ya se dijo anteriormente, que la posesión es uno o es el elemento clave en la fiesta o ceremonia vudú. Pero es particularmente llamativo sobre lo dicho de la posesión ritual, en cuanto al aprendizaje de la misma. Lo que se dice no tiene desperdicios. El aprendizaje desde la infancia o adolescencia tiene más importancia en la creencia vudú, la familia se siente más comprometida con la religión vudú.

"Para entender el vudú y sus "misterios", "seres" o "luases" hace falta no sólo vivir una realidad histórica social sino ser partícipe del folclor dominico haitiano, su cultura

---

tituto Tecnológico de Santo Domingo. Editora Corripio, República Dominicana. 1992. 116

28   Ripley, Geo: Imágenes de Posesión: vudú dominicano: Republica Dominicana, Editora Amigo del Hogar.2002.27

su sociedad, y vivir a fondo la vida del Batey. No es necesario ser hungán o mambó para servir a los luases, cualquier persona es capaz de hacerlo, siempre y cuando haya pasado por el rito de iniciación que recibe el nombre de lavado de cabeza o Lavé teté".[29]

Para la sociedad bateyera el vudú es una de las manifestaciones principales y esenciales, que forma parte de su identidad, de una manera u otra lo deja saber la lectura anterior y aún más, la gran importancia y seriedad que se manifiesta en los creyentes del vudú. Es el ritual de iniciación como otro elemento clave para comprometerse en lo que vea la gente en sus "deidades" y continuar la tradición histórica de la religión vudú. La iniciación es el acto solemne y sagrado que se le tiene al vudú.

"Para que un brujo alcance su condición de tal, no basta que una divinidad se le revele en una determinada circunstancia o la herede de su padre o pariente. La revelación es solo el signo de que un individuo ha sido seleccionado para practicar las artes mágicas. Una vez ocurrida, es preciso que la personalidad mágica se promueva o complete mediante los llamados ritos de iniciación".[30]

Es de gran interés prestarle la debida atención a lo que se dijo. La decisión de una persona para convertirse en mambo o mambosa, llámese servidor o servidora de un misterio tiene un punto de entrada. Cumplir con la iniciación de manera consciente para así verse y tener los pode-

---

29   Alegría, José Francisco: Gaga y vudú en la República Dominicana, Puerto Rico, Santo Domingo: Ediciones El Chango Negro, 1992. 51-53

30   IBID. P. 197

res mágicos que serán transmitidos por los "seres" sobrenatural y así poder trabajar. Pero hay quienes los heredan de manera inconsciente, que se lo van transmitiendo a través del tiempo. Ese es el aprendizaje sagrado en el vudú y lo van adquiriendo o asimilando de manera inconsciente para luego someterse al ritual de iniciación. Quizás sea ya la parte final que complete para poder comprometerse a trabajar con "loa" y "seres". Cuando se hace mención de la parte inconsciente del aprendizaje está referida a los infantes, no tienen una edad que puedan asimilar y saber que están aprendiendo.

> "La actual creencia dominicana de que mediante rituales vudú se puede convertir a un ser humano en zombi o fabricar un poderoso bacá capaz de ejercer el bien o el mal, acorde con la petición de su apoderado, tiene claros antecedentes en las prácticas religiosa y en las costumbres de los primitivos pobladores quisqueyanos. Además, sigue refiriendo que la fusión de las creencias vudú con la católica, generaron un cruce entre los santos y virgen cristianos con los loases del vudú. Esas deidades han sido parecidas acorde con los poderes sobrenaturales que poseen y las similitudes de sus funciones en ambos cosmogonías."[31]

Cuando se menciona a esta población citada en la lectura anterior se está refiriendo a los indígenas de la isla la Hispaniola, pero resulta que el ritual en el vudú no tiene que ver en nada con esta población. Ya es bien sabido que el vudú llega a la isla de Santo Domingo con la llegada de los esclavos negros africanos.

---

31 Gutiérrez, Franklin: El Varón 1932 de Cementerios, Varones y Tumba. Ministerio de Cultura. Editora Nacional.2012.99-101-102

"Se tiene, por cierto, que el don de la palabra es un hecho incontestable, en los momentos solemnes en que el espíritu de un dios ha encarnado en el mortal que goza de tal privilegio por concesión "divina". Esa "posesión" jamás se efectuara en personas de diez años de edad. Y esto así después que el individuo ha recibido la consagración del bautizo voudu tras haber demostrado involuntariamente estar investido por esa virtud, por condescendencia de los dioses. Es posible se asegure antes del bautizo se presente algún lua en el cuerpo del individuo que tiene madera para tal servicio. Pero lo que entonces hace, es producir escándalos torpemente, gesticular, nunca pronunciar palabras, dando señales de aparente locura. Es algún sacerdote consagrado de la religión el que se encargara de interpretar las profecías que pudieran surgir por boca de un cheval (caballo) o médium utilizado por el dios, cuyas expresiones son escuchadas y atendidas con la reverencia más completa"[32]

Por lo regular la persona que trabaja con "seres" o "lua" es elegido por un dios del vudú o por sus ancestros para convertirse en mambo o mambosa. Es preparado para ser iniciado. En el caso de menores de edad, se da un proceso ritual de iniciación preparado por los padres y/o parientes cercanos, eso se cumple en el vudú dominico-haitiano.

"En el vudú y la santería solo una parte de la enseñanza se basa en el conocimiento de hechos, en tanto que la mayor parte del aprendizaje tiene que ver con la experiencia y el conocimiento devoto. La relación maestro-estudiante

---

32 Rodríguez, Manuel Tomas: Papa Legba. Amigo del Hogar. Santo Domingo, República Dominicana.1975.192-193

es como un lazo padre-hijo para los seguidores del vudú y la santería".[33]

En el vudú dominico-haitiano, muy enfocado en el ritual de iniciación de niños/as se trata de simple enseñanza y aprendizaje, hoy en cumplimiento por obligación sagrada decisión que toma algún "loa" por vía de algunos ancestros, en ese proceso está en juego en mantener la tradición histórica del vudú y por el bien de la familia y mantenerse comunicado con los dioses del vudú.

> "La iniciación haitiana tiene siete grados, en dicha iniciación los grados iniciaciones se llaman puntos. Así, para indicar el grado que tiene un Baca se suele decir que este tiene tales o cuales puntos. Lo mismo se hace con las mambosas" [34]

Es importante señalar sobre esta precisión anterior, que es la sabiduría que posee un mambo o mambosa, a eso se le llama punto es donde le garantiza a la gente que esos servidores de misterios poseen gran sabiduría por medio de los "loases" donde hace confiar y asegurar un buen trabajo a la gente.

> "El vudú dominicano, al igual que el haitiano, enseña que los luases se hayan agrupados en 21 Divisiones o jerarquías. A continuación expondremos los nombres de las mismas, pero de antemano advertimos que no tenemos la pretensión de que el orden en que los citamos, ni la forma

---

33   Dorsey, Lilith: vudú y Paganismo Afrocaribeño. Editorial Lectorum, S.A. de C.V., México, D.F. 2006.16

34   IBID. P. 143 y 144

en que los ordenamos sean de general aceptación para los vudúista dominico-haitianos. Helas aquí:

Legbas, Ogunes, Radas, Locos, Guedes, Petros, Simbis, Locamis, Sombis, Indios, Nagos, Congos, Guines, Ñiñi-gos, Caes, Dangueles, Shuques, Piues, Difemayos, Petifo-nes, Marasas"

Aunque no haya una descripción de un vudú domini-co-haitiano, pero con el solo hecho de mencionar, vudú dominico-haitiano, se deduce que desde los años 70 se vie-ne hablando sobre eso y es porque para la época existió y aún existe un vudú dominico-haitiano.

"Después que se han presentado las "señales" de "su-bir" misterios, es necesario el "bautizo ritual", a fin de que se puedan controlar a los "luases" y puedan dar consultas a sus seguidores.

De la naturaleza del centro espiritual-material, se rea-liza un bautizo que se conoce como "refresco de cabeza" y "bautizo de cerebro". En algunos casos, sobre todo en el bautizo material se utilizara sangre de paloma, los cuales se usaron vivas cuando el desarrollo de estas facultades tiene obstáculos para su crecimiento.

Se usaron pañuelos de diferentes colores, bebidas (re-frescos, cerveza) , flores, perfumes, frutas, aguas, velas y velones.

Los bautizos se realizaron en los centros o al aire libre en ríos, lagunas, manantiales y/o el mar. Estas ceremonias son muy delicadas, ya que aunque el agua que se le eche al iniciado este bautizado por los diferentes lugares luases, se le pueden robar las facultades para que pasen a otra persona que no tienen esos dones. Por eso siempre hay padrinos a fin de que esto no ocurra. Esta acción se evita también cuando se realizan al aire libre, ya que se necesita poder recoger el agua que se le echa en la cabeza al iniciado y hacer con ella una ceremonia especial con el jarro divisional para que pueda realizarse el "robo".[35]

Hay que destacar la profesionalidad como se trata tan interesante momento de la iniciación. El iniciado o la iniciada finalmente estará preparado con poderes sobrenaturales y al mismo tiempo podrá controlar los "loases" y además es la garantía de la familia protegerlo de cualquier "enviación" que le pueda hacer daño, también es la seguridad y la calidad del trabajo que realizara como mambo o mambosa a los creyentes que vayan a consultarse. No se debe dejar pasar por alto el papel estelar que está presente en esta iniciación, y es la relación de parentesco ritual que garantiza el proceso de iniciación ritual, como cumplimiento con los "loases".

"Las ceremonias vudú son llamadas "servicio-loa", o mamzeloa, o también "comer los santos" o gambo según las distintas regiones del país.

Pero es necesario distinguir muchas categorías de ceremonias. Por ejemplo, el mamze marasa (o comida en honor de los mellizos), el comer-los muertos (en honor de los muertos), y el mamze yam (ofrenda de las primicias, después de la cosecha de los ajos)

Estas ceremonias tienen por objeto ora rendir un homenaje a los loa, ora obtener un contrato con ellos, ora aplacar su cólera. A menudo, los practicantes de vudú hablan también de las ceremonias anuales en términos de deberes hacia los loa o los muertos de la familia".[36]

---

35   IBID. P. 5

36   IBID. P.93

Esta descripción ceremonial, con detalles de gran importancia para la investigación cobra mayor importancia ya que en el vudú dominico-haitiano, la practica ceremonial, también tiene un compromiso anual de cumplimiento con los "loases" y el principal objetivo es darle de comer.

A partir de la definición del vudú como una religión planteada anteriormente por diferentes autores o investigadores entendidos en la temática, entonces, se podría afirmar que el vudú es parte central basado en la creencia, que mantiene unida a la familia y la integridad participativa de la colectividad, llámese comunidad. La creencia en el vudú flexibiliza o integran a la familia incluyendo a los niños y niñas miembros de la misma, aunque los menores no tengan conocimiento de dicha creencia.

Para la familia o practicantes del vudú entiende que dicha práctica es el todo y esa es una de las causas por la cual funciona como parte de su de creencia, además manifiesta tranquilidad y confianza.

¿Por qué la insistencia en mencionar la familia? Es que el vudú es un compromiso familiar. Por esa vía se entiende que la familia logra su bienestar social, económico, tener mejores condiciones de salud, que no pase nada malo en la vida cotidiana, etc.

Toda esa integración, participación, comportamiento basado en el compromiso familiar de cara al vudú es lo que mantiene viva la práctica religiosa. Esa es otra razón por la cual se realiza y se mantiene la tradición en la creencia del vudú como religión. Además el rito de iniciación, que es un elemento importante para seguir con la tradición y estrechar más el lazo familiar por medio de esa vía elegida la(s) persona(s) incluyendo a niños y niñas mantendrá de manera permanente la religión vudú como parte central de la estructura familiar.

Es importante señalar como el parentesco o la familia juega un importante rol en la ceremonia de iniciación. La Antropología define el parentesco como conjunto de los lazos que unen genéticamente filiación, descendencia o voluntariamente alianza, pacto de sangre y reviste un carácter más sociocultural que biológico. Pero en el ritual de iniciación en el vudú dominico haitiano el pacto de sangre, pariente biológico es determinante.

La creencia religiosa es propia del ser humano, creada culturalmente para poder satisfacer sus necesidades materiales y espirituales, sobre todo, para darle respuesta a eventos o fenómenos, que ocurren en la sociedad, que es inalcanzable, poder demostrar o aceptar científicamente como ocurren. Esas religiones las sociedades las van adoptando y las hacen suyas como costumbre cultural, las desarrollan y van pasando de generación en generación.

A medida que pasa el tiempo en que la ciencia no da respuesta a los eventos y fenómenos en la sociedad por las razones que fuese, más interesante importante son las creencias religiosas para el ser humano, porque las cosas que no dicen que ven sin ver, que oyen sin oír, que sienten sin sentir son las que más importancia tienen para el creyente; eso es determinante, todo esto está regido por lo sobrenatural, la fuerza espiritual que mantienen vivas las manifestaciones religiosas.

Otro elemento que mantiene viva la creencia en la religión, son los símbolos, todo símbolo religioso tiene un significado, para la adoración de su Dios, santo o ser por el sentido sagrado que le dan a esos símbolos.

Los seres humanos piensan y entienden, que su salvación individual y colectiva depende en la creencia religiosa, esa tendencia se manifiesta en diferentes o en muchas sociedades del mundo.

Ahora bien, se debe hacer mención de la particularidad que tiene la religión vudú, los creyentes en el vudú, también creen en Dios y en Jesús primero que en su deidades llamadas "santo", "ser" o "loa", entienden los creyentes, Dios es quien le da toda las fuerzas y el poder a sus deidades, eso es un comportamiento cultural normal para tener activo y presente todo lo que es sobrenatural y espiritual, además, se encuentra en todas partes tanto en el cielo, en la tierra o en algún lugar del mundo, hay que entender sobre manera y aceptar que en esa es la realidad de los creyentes en su mundo religioso.

CAPÍTULO III
Método y técnicas de la investigación

3.1 Método

El nivel de la presente investigación es descriptivo y el tipo de diseño es de campo, siguiendo el método etnográfico propio de la antropología social.

El trabajo de campo comenzó a realizarse en el 2014 y concluyó en el 2017.

La realización de este estudio fue posible por la investigación explorativa de campo por el contacto y la relación del autor con varios alumnos de la Universidad Autónoma de Santo Domingo (UASD) que viven en el lugar Batey Santana.

Se hizo una visita a la casa del servidor de misterio, luego del recibimiento por parte de él y su compañera, de muy buen agrado, recibió la información que se realizaría una fiesta vudú para la niña de inmediato para lo cual cursó una invitación a participar. A partir de ese momento se estableció una estrecha relación entre el investigador y la familia, lo que facilito más la importancia de la investigación y poder tener los datos necesarios.

3.2 Sujeto de estudio

El sujeto estudiado fue una niña de 9 años de edad, hija de padres haitianos cuyo nombre es ficticio, Leandra, nacida y criada en el Batey Santana, situado en la provincia Bahoruco, al Suroeste de la República Dominicana. Se trata de un estudio de caso que ilustra cómo se desarrolla el ritual de iniciación en el vudú dominicano-haitiano en el área estudiada y cuál fue el comportamiento de la niña durante los ritos de iniciación.

La niña Leandra fue seleccionada como unidad de investigación por las características que la hacían idónea para ello: primero, su edad de infante (9 años); segundo, por haber nacido y vivido siempre en el batey; y tercero, por su pertenencia a una familia vudúista que habitualmente participa en los rituales de esta religión.

3.3 Técnicas de investigación

Las técnicas de investigación utilizadas fueron la observación participante del ritual de iniciación, la entrevista con informantes claves y, complementariamente, se realizaron consultas a expertos especializados en el tema. Mediante el trabajo de campo de tipo etnográfico se logró establecer relaciones primarias con los servidores de misterios, con las personas que tienen compromisos con los seres o luases y, en general, con la gente del batey.

Este trabajo permitió, además, conocer el rol de la familia, el comportamiento de la niña, la participación de la gente en los ritos. En suma, todo lo que pudo ser conocido durante la ceremonia ritual de iniciación, se llegó a saber a través de la implementación del método etnográfico, incluyendo las condiciones de vida del batey, las fuentes de empleo, la situación de las viviendas, los servicios de agua, energía eléctrica, salud, educación, las condiciones de las calles, la religión dominante, su dependencia económica, los grupos sociales, la interacción de la gente en el batey, etc.

Las entrevistas que se llevaron a cabo con informantes clave tuvieron a los padres de Leandra como informantes claves privilegiados, participantes habituales en los rituales de vudú; con servidores de misterios, que por esta condición, son conocedores de primera mano de los rituales vudú; y con otras personas del batey, con quienes se sostuvieron conversaciones prolongadas.

Entre las entrevistas se practicaron dos abiertas de particular interés para el estudio: una al padre de Leandra, servidor de misterios, y otra a la madre. Se tuvieron con ellos, además de las entrevistas propiamente dichas, conversaciones frecuentes y prolongadas, que resultaron muy valiosas para el estudio.

Se realizaron también conversaciones permanentes con el tío paterno de Leandra y con cuatro servidores de misterios, siete personas creyentes y participantes en la religión vudú que tienen compromisos con seres o luases. Hubo siempre un buen *rapport*, aceptación y relación con los padres de Leandra y con los demás informantes clave, lo cual facilitó la obtención de datos confiables.

CAPÍTULO IV
Resultados y análisis

4.1 Resultados

El Batey Santana como Contexto

El Batey Santana pertenece al Distrito Municipal de Santana, que está ubicado en la provincia Bahoruco, al Suroeste de la República Dominicana.

El Batey está ubicado en la parte norte de dicho distrito y tiene como vecinas a las comunidades de Bayahonda y Cachimbá. Sus límites son: al norte, Guanarate; al sur, el Distrito Municipal Santana; al este, Bayahonda; y al oeste, Batey Dos y Neyba.

En el 2003, el Congreso Nacional determinó que el paraje de Bayahonda fuera elevado a Sección y que formaran parte de él los parajes Batey Santana y Cachimbá (Ley No. 520, artículo 1, del 2003).

En el caso de Cachimbá, que queda al oeste del Batey Santana, los moradores de ambas comunidades entienden que geográfica, histórica y culturalmente les pertenece.

La mitad del territorio está formado por suelos cuya vocación es más bien forestal y zona montañosa de tipo rocoso. Su clima es seco estepario con temperatura de doble lluvia.

El principal río de la provincia es el Yaque del Sur.

De acuerdo al Censo realizado por la Unidad de Atención Primaria (UNAP) del Batey Santana, en el año 2014 su población era la siguiente:

Población del Batey Santana – Año 2014

EDADES	MASCULINO	FEMENINO	SUBTOTAL
Niños menores de 1 año	19	22	41
De 1 a 5 años	83	72	155
De 10 a 19 años	151	128	279
De 20 a 45 años	150	134	284
De 45 a 64 años	86	94	180
De 65 o menos	37	41	78
TOTALES	526	491	1017

Casas abiertas: 207, casas cerradas 59. Total de casas: 266.

El cuadro presenta la información por sexo, según grupo de edades. El 51.72% son masculinos, de los cuales el 57.22% se encuentran en el rango de 10 a 45 años. Para el sexo femenino este grupo de edades representa un 53.36% y en términos generales, sin considerar el sexo un 55.36%.

De los 45 años en adelante el sexo masculino supera al femenino ligeramente.

El grupo adulto de 20 a 45 años presenta una carga porcentual de un 27.92% del total de personas investigadas en contraposición al 19.27% de los niños de 5 años o menos.

El terreno del batey es llano y su suelo, árido. Se observa una creciente deforestación. Su vegetación natural es de árboles de bayahonda y guayacán, y hay presencia de frutales, tales como coco y guayaba, y dos campos de sembrados de caña de azúcar pertenecientes al Consorcio Azucarero Central. Por el momento, las calles no están asfaltadas, pero algunas de ellas poseen aceras y contenes.

Se observan pocas fuentes de empleo. Algunos moradores prestan sus servicios como "echa días" agrícola en plantaciones vecinas en las áreas aledañas. Además, se dedican a la pequeña siembra de ciclos cortos, así como a la crianza de chivos, ovejos, cerdos, vacas y gallinas.

Una parte de la población femenina se dedica a la pequeña producción y quema de carbón bombón, así como a la elaboración de "conconetes", dulces y pan. Las mujeres prestan sus servicios como trabajadoras domésticas en el municipio de Tamayo y Vicente Noble. Se observó una gran cantidad de mujeres transportando carbón en burros para la venta en las comunidades del Distrito de Santana, Tamayo, Vicente Noble y otros lugares.

Algunas familias se benefician de remesas y envíos que le hacen sus parientes desde otros países y desde otros puntos del país.

Las viviendas, en su mayor parte, están construidas en blocks y concreto, con techo de zinc y piso de cemento. Hay cuatro barracones: un barracón de blocks con techo y piso de cemento; un barracón construido en asbesto cemento y zinc con piso de cemento; otro barracón construido solo de madera y zinc con piso de cemento; y, finalmente, un cuarto barracón de madera con techo de zinc y piso de tierra y cemento.

Sobre el origen histórico del Batey Santana, mediante las informaciones orales obtenidas durante el trabajo de campo, no se pudo encontrar la fecha exacta de sus inicios; pero todo parece apuntar a que el batey fue fundado durante el proceso de construcción del ingenio realizado por la Sugar Barahona Company a partir del 1918.

El Batey dispone de un sistema de electricidad. Tiene una Escuela Básica, la José Martí. Dispone de una Unidad de Atención Primaria (UNAP). Tiene, además, un centro de nutrición denominado Sociedad Lucas y un acueducto que abastece a una parte de la población. Cuenta también con un taller de reparación de electrodomésticos; con una cancha de baloncesto, en muy mal estado; con una gallera y una terraza de diversión; con un solar que funciona como *play* (campo) para jugar béisbol y softbol. Tiene también un centro de Internet en muy mal estado; lugares donde se practica vudú, gagá y presencia de servidores de misterios. Dispone de un Club Deportivo Cultural dedicado a Mamá Tingó; y un Comité de Desarrollo del Batey Santana. Hay 18 colmaditos y un "colmadon"; dos salones de belleza y dos barberías. También se pudo observar 6 iglesias evangélicas y una amplia porción de terreno sembrada de árboles de nin cuya sombra utilizan para esparcimiento.

Acerca del origen de Cachimbá, la versión más socorrida que es la de ancianas haitianas y dominicanas que llegaron al batey en los años de 1940 y 1950, así como de personas nacidas en el batey a mediados de los años 30, para quienes Cachimbá fue fundada por tres sanjuaneros. Entre ellos –según cuentan– había un anciano que producía estirillas y fumaba tabaco con un cachimbo muy grande. Cuentan los moradores del batey que cada vez que tenían que comprar estirillas y visitar el lugar donde el viejo se encontraba, decían: "Vamos para donde el viejito del cachimbo grande". De ahí se quedó el nombre de cachimbá porque los haitianos, en su mayoría, decían cachimbá y no cachimbo.

Actualmente Cachimbá tiene cinco casas: tres de madera y una de blocks que funcionan como "casas de misterio y curación", donde trabaja la servidora de misterios Wawana; y una de madera, dividida en cuatro cuartos, ocupada por familias de 18 personas en total. Además, hay una enramada para la práctica de gagá y vudú. Es un terreno seco, donde actualmente se crían animales, como chivos, cerdos y gallinas.

4.2 El espacio y ambiente del ritual de iniciación

El ritual de iniciación en el vudú dominico-haitiano de la niña Leandra tuvo lugar en una enramada preparada ad hoc junto a la casa familiar del servidor de misterios conocido en el Batey Santana como Ticló (Clody).

La casa es de concreto y está techada en láminas de zinc. La puerta de entrada es de madera. Está rodeada de una empalizada construida con palos, zinc y alambre de púas. A unos 12 metros de distancia, se ubica la letrina. Apenas a 4 metros de la casa hay un colmadito. Se observa que hay crianza de animales: chivos, cerdos y gallinas.

Detrás de la casa familiar, se destaca una casita pintada de rojo, negro y blanco. Es la casa de misterios, donde el servidor realiza su trabajo. Muy cerca, se identifican cuatro cruces: una de hierro y tres de palos pintadas también con los colores mágicos: negro, rojo y blanco. Se observa también una piedra de tamaño considerable pintada igualmente con los colores mencionados.

El ritual de iniciación se desarrolló en la enramada del servidor de misterios, constituida para tal efecto en espacio sagrado. El mismo Ticló fue quien lo organizó y se hizo responsable de la ceremonia.

La enramada es rectangular. Mide 6.5 m. de largo, 5 m. de ancho y 2.5m. de alto. El piso es de tierra, no tiene paredes y está abierto. Dispone de varios bancos de madera donde se sientan algunos visitantes y participantes. El techo está cubierto con lona, palma, y sacos de henequén y lo sostienen varios postes de madera, incluyendo el Palo Central o Sagrado (potó mitán), que está en medio de la enramada.

El mismo tenía amarrados un pañuelo rojo y otro amarillo, así como una soga. Además, en medio del Palo Central, en el piso de tierra, había un Vevé[37] dibujado. Encima del Vevé se encontraba una poncherita cromada que contenía comida: maíz, maní, pan, casabe, palitos de queso y palomitas de maíz. Había también una botella de ron, dos vasos cromados con agua y café, una botella de Sirop y un refresco de color rojo.

En la enramada se observaban personas paradas y sentadas. Los músicos estaban sentados frente a sus instrumentos: un catá, un segundo tambú, un manman tambú (palo mayor), un sembal, un instrumento de hierro (aza), un chacha (maraca). El servidor de misterios estaba sentado encima del Vevé en una silla pequeña justo frente al palo sagrado. Estaba vestido con camisa y pantalones cor-

---

37   Símbolo religioso, utilizado en el vudú.

tos de color rojo y se encontraba descalzo. Al lado de él había una silla y encima un vestido azul, una bata blanca y un macuto.

El servidor de misterios preguntó si los músicos estaban completos y listos para tocar y bailar. Llamó a su mujer Motlina y a un tal Willy. La mujer respondió: "pa llá va. Y el servidor contestó: respondió: "Ok". Cogió un cigarro, lo prendió y empezó a fumar, y luego cogió el chachá (maraca) y dijo en creol haitiano: "Toy llamando pa´ poneno en eso". La gente adulta estaba pendiente y bebiendo ron. Había niños y niñas en la enramada jugando con los instrumentos musicales. En la ceremonia había dominicanos, haitianos e investigadores españoles y se hablaba en creole y español.

4.3 El ritual de iniciación

El ritual de iniciación en el vudú dominico-haitiano en la niña Leandra se llevó a cabo los días 7 y 8 de noviembre de 2014

A las 5:10 de la tarde del primer día, Ticló, el servidor de misterios, dio inicio a la ceremonia ritual invocando a Dios y a los dioses del vudú. Lo hizo tocando con el chachá o maraca y cantando en creol haitiano. Hombres y mujeres le hacían coro. Luego entró a la enramada su mujer, madre de la niña "Leandra", de 9 años de edad, quien fue llamada por su padre, el servidor de misterios.

El papá le pasó a Leandra un potecito de polvo y uno de agua de Florida y le ordenó echarlo al vestido azul y al macuto. Luego la niña se retiró y se dirigió al público presente, donde estaba el tío. Este la empujó suavemente hacia su papá, que seguía cantando junto a Willy. Este estaba tocando el chachá y hacía coro. La niña Leandra tarareaba los cantos. Su papá le pasó una botella de sirop y le señaló que tenía que echar sirop desde el portón del patio hasta la enramada y en toda la orilla del Vevé en forma circular. Las hermanitas se quedaban pendientes observándola junto a la gente y a la madre.

El papá se puso de rodillas con la vela encendida, luego sentó a la niña en su pierna y siguió cantando y mirándola. A seguidas, el papá se levantó de la sillita, se puso su ropa blanca, propia para el servicio de misterios, se acercó a la silla donde estaba el vestido azul y el macuto, llamó a dos personas en la enramada y les preguntó: Madrina y Padrino, ¿cómo se llama su ahijado? Y ellos respondieron: "Se llama Zaká", y luego el papá, servidor de misterios, procedió a bautizar el vestido y el macuto echándoles agua con una ramita de albahaca.

El servidor de misterios entregó el vestido a su mujer, y a la niña Leandra le puso el macuto en el cuello y un sombrero de paja, prendas propias del *loa* Zacá.

El servidor de misterios caminó lentamente, saludó y les hizo reverencia a los instrumentos musicales con el golpe de maraca. Lo mismo hacía Leandra con la vela encendida, dando un golpe en la tierra y a al pie de los instrumentos.

El servidor cantaba y bailaba al igual que Leandra, los dos llevando una vela encendida en la mano. Levantó un poco el vestido color zapote de Leandra, le pasó la mano, le dio de comer de la comida que estaba en la poncherita cromada, y comenzó a fumar de la pipa. La niña Leandra bailó por instrucción del padre, de la madre y del tío. A la niña se le amarró un paño rojo en el antebrazo. El tío le explicaba siempre cómo bailar. Luego el papá le dio de comer chacá a Leandra, quien por instrucciones del papá tomaba ron y refresco rojo.

Luego el padre tomó a Leandra y la colocó a su lado. Cogió una vela encendida, un jarro de agua y el chachá, le hizo reverencia al palo central de la enramada, dando varios pasos adelante y hacia atrás. Además, le daba vueltas al palo, pero Leandra no coordinaba bien los pasos ni las vueltas.

Posteriormente el padre salió con Leandra al portón del patio, echó agua y entró a la casita de misterios. Salió de la casita y le hizo un saludo dando vueltas con Leandra. Le hacía reverencia y saludo a las cuatro cruces con golpes de maraca. Leandra hacia lo mismo, por instrucción de él, con la vela.

Hubo momentos en que Leandra salía de la ceremonia ritual para jugar con sus amiguitos y amiguitas, luego regresaba. En varias ocasiones la madre le llamó la atención y el papá le dio un manotazo para que prestara atención a las instrucciones. A veces estaba distraída e impresionada. Llegó un momento en que él ordenó hacer un descanso y decidió parar la música, dejar de cantar y exclamó: "Abobó".

Reinició el ritual. El servidor de misterios comenzó a cantar con una vela encendida en la mano, y con la maraca o chachá, con una campanilla de mano llamó a Leandra y empezó a bailar y a tararear los cantos con una vela en la mano. La gente baila, canta y bebe ron. Hablan tanto en creóle como en español. Varias personas cayeron en posesión ritual, le daban vuelta al palo sagrado junto con Leandra y el papá. Los músicos tocaban, bebían ron y cantaban.

El servidor de misterios se acercó al palo central o sagrado, tomó la poncherita cromada que contenía comida, comenzó a echar comida en puntos específicos del Vevé. Leandra lo seguía con una vela encendida observando lo que el servidor hacía. Además de comida echaba café, refresco rojo y ron. Se escuchaba el sonido de los tambores y los cantos, se oía a los participantes hablar en creole haitiano y en español. Estaban presentes dominicanos, haitianos y españoles.

La niña Leandra bailaba, le daba vueltas al palo sagrado de la enramada siguiendo instrucciones del padre o conducida por este, por su tío y por su madre, que a veces gritaba. Eran gritos de alegría. Hubo momentos, en que el padre le untaba brebaje en las dos piernas, para motivar el movimiento de Leandra. La motivaban, la comprometían constantemente para hacer más rápido el movimiento. La madre le puso una vela encendida en su mano izquierda y el papá le ató un pañuelo rojo en el hombro izquierdo. El tío, en su motivación y constante provocación ritual, portando un pañuelo en el hombro derecho y una botella de ron en la mano, no dejaba de bailar para continuar motivando el movimiento de la niña. Estaba en posesión ritual. Durante su instrucción ritual, la niña le haló la botella de ron que él sostenía en la mano.

Faltando 15 minutos para las 11:00 de la noche se escuchó a la madre decir en español: "Leandra se montó y sigue bailando con una vela en la mano". Era protegida por su papá, que le señalaba que se moviera mejor y con más rapidez, y la incitaba a que moviera los brazos. La conducción del tío y de la madre era permanente. La niña bailaba, levantaba los brazos, los colocaba en la cabeza y daba vueltas siempre. El baile era continuo y constante. El tío estuvo siempre pendiente de ella. Sostenía una botella de ron y una vela encendida en la mano observándola por cada movimiento que hacía.

Él la abrazaba para que se moviera mejor. Leandra ya estaba cansada, no sabía qué hacer. La niña sostenía una campanita en la mano. De repente comenzó a mover la campanita y seguía bailando. Mantenía los ojos bien abiertos. Siempre se mantuvo con el sombrero puesto y el macuto en el cuello. La gente estaba impresionada. Algunos gritaban y decían en español y creole: "!Qué bueno que está montada!" Otros la miraban con pena. Los músicos no dejaban de tocar, lo hacían con más fuerza y se notaban emocionados.

Llegó un momento en que Leandra se calmó, salió de la enramada, y se sentó frente al colmadito de la casa. La hermana le pasó un refresco y se lo tomó. Le preguntó: "¿Qué pasó?" Ella dijo que no sabía. Le pregunté cómo se sentía y dijo muy cansada, y se acostó en un banco.

La música no paraba. La gente seguía cantando, bailando, bebiendo ron, cerveza. El servidor de misterios seguía cantando y bailando junto a su mujer, la mamá de Leandra. El tío por igual seguía bailando y bebiendo. El servidor de misterios ordenó parar la ceremonia a las 12:00 de la noche.

Al día siguiente, 8 de noviembre del 2014, a la 1:00 de la tarde, continuó la ceremonia ritual de iniciación en el vudú de la niña Leandra.

El servidor de misterios comenzó a cantar tocando la maraca o chachá. La gente respondía a coro. En el centro del Vevé, los músicos comenzaron a tocar. El servidor clavó un cuchillo en el piso de tierra. Llama a Leandra y la invita a bailar y cantar. Se escuchaba decir a la gente que "hoy es el día de los petró y de los seres amargos".

El servidor de misterios ordenó a su hija mayor traer un chivo del corral. Luego el chivo fue sacrificado. El padre llamó a Leandra para que participara del sacrificio. Ella agarró el chivo y el servidor tomó parte de la sangre del animal y le dio a tomar sangre a Leandra. Posteriormente procedió a sacrificar un cerdo y le dio a tomar sangre del animal. Le sacó el corazón a los dos animales y le dio a Leandra para que comiera. Ella masticó, pero en un descuido del papá, fue a la letrina y boto lo que comía.

La mamá de la niña le daba manotazos a su hija para que estuviera atenta a las instrucciones del padre. Ella bailaba. El papá tomaba ron y le daba a tomar también a ella. Fumaba y le daba a fumar su hija. En un momento dado, el papá la instruyó para que diera vueltas en torno al palo central de la enramada. Él la perseguía para agarrarla y ella no se dejaba.

Llegó un momento en que la madre de la niña se montó, se puso el vestido azul, agarró una vela encendida y empezó a cantar. Luego se tiró al piso y se puso a brincar. Posteriormente fue agarrada por el servidor de misterios. Varias personas visitantes que participaban en el ritual también se montaron.

Llegó un momento en que el servidor de misterios exclamó: "Abobó". Luego hubo un descanso para comer.

En la comida se ofreció a los participantes y visitantes moro, chivo y cerdo. Leandra también comió junto a las demás familias.

Se observó que, en comparación con el día anterior, hubo menos personas participando en la ceremonia ritual.

Reinicia la ceremonia ritual, el servidor de misterios comenzó a cantar y los músicos a tocar. Los participantes hacían coro.

Durante el ritual, siempre permaneció vivo un fuego encendido con leña que tenía en el centro un neumático. No lo dejaban apagar durante los dos días de la ceremonia.

En un momento dado, el servidor de misterios salió de la enramada, fue directamente a una mata de bayahonda (árbol sagrado) que estaba fuera del patio, a la orilla de la empalizada, y llamó a la niña Leandra. Le entregó una botella de sirop para que la echara, junto con él y en línea recta, desde el tronco del árbol hasta la enramada. El hizo lo mismo con una patica del cerdo sacrificado y un hilo blanco en línea recta en el mismo trayecto.

Pasadas las 11:00 de la noche, la ceremonia ritual fue interrumpida por una fuerte lluvia que afectó a la enramada por la gran cantidad de agujeros que tenía el techo.

4.4 Análisis

Los datos encontrados en esta investigación cumplen con los objetivos planteados. En el primer objetivo: Identificar el ambiente sociocultural de la familia en la asimilación de la niña del ritual de iniciación y los elementos clave que lo determina.

Se puede observar que existen cinco elementos clave que inciden como comportamiento sociocultural y a la vez es determinante en el ritual de iniciación, que son: 1. La creencia, 2. El parentesco, 3. Fase preparatoria, 4. La posesión ritual, y 5) El lavado de cabeza (o Lavé Teté)

1. La creencia

La familia de Leandra manifiesta su creencia, celebrando todos los años el 7 de noviembre una gran fiesta ceremonial vudú, encabezado por su padres que es servidor de misterio, en cumplimiento con los "santos" de sus ancestros, la parte central o clave de la ceremonia es para darle de comer a los "santos" o "seres" y así cumplir con ellos, además eso hace proteger más a la familia y tener seguridad de que los seres le darán más sabiduría y poder como servidor de misterio para seguir trabajando con la gente para así resolverle sus problemas, que van buscando suerte para tener trabajo o que sea mejor, tener buena salud, realizar un viaje, etc.

2. El parentesco consanguíneo y ritual

a) El parentesco consanguíneo: es muy influyente, porque la niña fue reclamada por el ser "zaká" de su abuela paterna para que fuera iniciada y de este modo tuviera como consecuencia ser beneficiada por la ausencia de enfermedades, a ella y a su familia. Además de las compensaciones ya dichas, está el interés de mantener viva la tradición y la creencia en la religión del vudú en la familia. El reclamo siempre es de un familiar consanguíneo. En este sentido cabe resaltar que el santo zaká de la abuela de "Leandra" no reclamó la hermana mayor de esta. Porque no es familia consanguínea (de sangre); la desconoce es hija de la madre de Leandra no del papá de ella: son medio hermanas.

Los lazos sanguíneos: llámese parentesco consanguíneo, juegan un papel de suma importancia, no se escoge a cualquier participante. La posesión ritual tiene un valor de "herencia" y responsabilidad familiar determinante.

b) Parentesco ritual: durante el ritual de iniciación de la niña Leandra se bautizaron un vestido azul y un macuto. Esos dos objetos representaban al ser o al santo llamado zaka que simbólicamente se convirtió en ahijado de la madrina y el padrino elegido en el público, hecho que representó suma importancia.

3. Fase preparatoria

Esta consiste en la preparación de niñas y niños integrándolos en el proceso de aprendizaje, ayudando a hacer mandados, como comprar velas, velones, fósforos, ron, azúcar, palomitas de maíz, palito de queso, agua y dándoles instrucciones para que observe y permanezca concentrado con todo lo que se hace en invocación a los "seres" o "santos" y con los clientes que van a consultarse, entre otros, para así darle el sentido mágico. Y esta preparación es dirigida por un servidor de misterios (hugan) servidora de misterios (mambosa).

4. La posesión ritual

Esta consiste en la llegada del misterio en la cabeza de la niña, en la que comunica su liberación, alegría, satisfacción y garantiza la seguridad de la familia, que no le pasaría nada malo, es decir que gozaran siempre de buena salud, mantenerse unido como familia y mantener la práctica vudú.

5.El lavado de cabeza (o lavé téte)

Este ritual se cumple a través del tiempo cuando la niña sea adulta, se hace con refresco, jabón, hojas medicinales e invocando a los seres, en especial a zacá, es para ubicar el ser en la cabeza de la niña y que pueda verlo, darle la sabiduría y la seguridad que ya puede trabajar como servidora de misterio.

Estos cinco comportamientos que determinan el ritual de iniciación, llevan a definir que el ritual de iniciación en el vudú dominico-haitiano en niños (as): es el proceso de aprendizaje sagrado inconsciente con compromiso en el tiempo.

Las actividades resultan de una simbiosis de vías para la expresión humana: cantos, bailes, pregones, monólogos frente a los altares para los que dirigen. Deben aumentar los movimientos de los participantes y sobre todo de la iniciada que es la niña "Leandra" para que el "ser" llegue.

Otra manifestación de la familia, insisto sobre todo el padre de "Leandra", es que su madre, abuela de la niña, reclamó por medio del santo Zaka que fuera iniciada, él tuvo una revelación la cual tenía que cumplir. Ese reclamo de la abuela por medio del santo Zaka, no solamente para que la niña fuera iniciada, es que fue elegida para cuando sea adulta trabajar con los "santos" o "seres" para ofrecer su servicio como servidora de misterio, eso garantiza la continuidad de la creencia en el vudú familiar, además la niña iniciada garantizaría de que la familia que centraliza y dirige la ceremonia tendrá quien realice el relevo. En este caso, su fe en la práctica vudú impide dudar de la incapacidad de la niña de aprender y asimilar los patrones culturales, al igual como lo aprendió de su papá que lo heredo de sus padres.

La estructura organizativa en el vudú dominico-haitiano, está integrada y formada por la familia consanguínea (de sangre). Creyente y practicante, que garantiza el éxito y la satisfacción cuando es realizada la fiesta o la ceremonia vudú. En dicha ceremonia siempre se está pendiente, quién esta o estuvo en posesión ritual y si comió la comida sagrada preparada para el "santo" o "ser", tiene que comer por obligación para que no le pase nada malo a la familia, entienden que puede enfermarse alguien y morir entre otras cosas, muchas veces alguien está anotando en un cuaderno el nombre de cada miembro de la familia, si estuvo en posesión que ser le vino y si comió.

"Los símbolos que se observan en el terreno pueden ser empíricamente, a personas, objetos, actividades, acontecimientos, gestos, palabras, formulas, etc."[38]

Durante el ritual de iniciación uno de los objetos simbólico que el servidor lo tomo muy en cuenta, como parte central, fue el vestido azul perteneciente del santo Zaka, es porque había y fue bautizado, ese bautizo, garantiza la tranquilidad del ser o santo cuando le llega a la cabeza de la niña, para mantenerse segura y estable.

---

38   Turner, Víctor: Citado por Hernández, Carlos: *Morir en Villa Mella: Ritos Funerarios Afrodominicanos*. CIASCA, República Dominicana, 1996.14

El servidor de misterio padre de "Leandra" realiza todos los años mes de noviembre una ceremonia vudú en cumplimiento con sus seres y de la familia, pero el ritual de iniciación a la niña "Leandra" fue de mayor preocupación sagrada que la familia estaban obligados a cumplir, ya que fue un reclamo por parte de la abuela de "Leandra" madre de su padre, a través del ser o santo llamado Zaká, entiende que la tradición en la creencia en la religión vudú hay que mantenerla viva, además la persona elegida es la niña la cual está comprometida a heredar, para trabajar como servidora de misterio, cuando sea adulta, en el momento actual de este estudio ella, no puede trabajar con seres o santo aun, todavía es una niña pero aún le falta otra etapa del ritual de iniciación que es el lavé téte (lavado de cabeza), que se hace con brebaje, refresco, jabón, etc., eso se realizará cuando sea adulta, tendrá capacidad mental para ver y recibir un ser y poder trabajar con seres y así convertirse en una servidora de misterio.

Para el papá de "Leandra" ella, solo está en capacidad de estar con él para que vaya aprendiendo, es decir, ella está en el proceso de aprendizaje, conociendo cuales son los objetos y elementos sagrados para el uso y cumplimiento con los seres, comprar vela, fosforo, ron, comida, agua e invocar a los seres, etc. además el también entiende que ella está en la etapa o edad de estudiar, para que se pueda hacer de una carrera.

Volviendo al ser o al santo llamado Zaká, lo mencionado anteriormente siempre está vestido de color azul, es masculino, se comporta como un campesino, siempre anda con un macuto cargado de comida, tales como maíz, coco, bombón afibá, pan, ron, tabaco y además lleva siempre puesto un sombrero de paja.

Por lo regular, el inicio de una ceremonia vudú, el servidor de misterio o el zambá, llama a los seres tocando la campanita y el día de la ceremonia dedicado a los seres petró usan un pito para llamarlo. Pero el ritual de iniciación en el vudú dominico-haitiano caso: niña "Leandra", el servidor de misterio inicia con un chacha o maraca. El día luases amargo (petró) no utilizó el pito porque el pito no estaba en condiciones para sonar. Igual la campanita, estaba rota, pero eso no impidió que se celebrara la ceremonia, la maraca o el chacha puede sustituir como en efecto se dio esos instrumentos sagrados, además el servidor de misterio le pidió permiso a los seres por la situación de los instrumentos sobre el zambá quien es la persona que dirige los cantos en la ceremonia vudú, en el ritual de iniciación, el zambá debe saber, conocer bien los cantos de cada ser o loa, y además debe distinguir los cantos de los santos dulce y santo amargo, debe de estar bien preparado para ocupar esa función, cantarle canto a un ser que no le pertenece ese canto, se molesta y se va para no volver y puede hacer daño a la ceremonia, ese daño consiste en que la familia no se enteraran que le puede estar pasando sobre todo en su salud-enfermedad entre otras.

El servidor no tenía un zambá que supiera ya lo mencionado, él tenía que buscar a un zambá que tuviera ese dominio y conocimiento de los cantos, pero él no estaba en condiciones económicas para pagarle, el decidió asumirlo salvo en algún momento hubo persona participante que tomaron la iniciativa de cantar a seres que ellos conocen muy bien, no hubo ningún problema, la gente lo hacía de manera espontánea o él les pedía que cantara, hubo una integración muy participativa de la gente.

El reclamo del santo o ser Zaká a la niña "Leandra", para la madre, tiene mucha importancia además había que cumplir con esa petición o reclamo para no tener problemas con el santo y es una tradición en la familia paterna de "Leandra", es una fiesta de ello, ella respeta mucho, según la madre de "Leandra" en su familia no hay esa tradición de participación en la religión vudú, ella era evangélica por medio a su padre que guarda la tradición de la religión evangélica, ella conoce y participa en la religión vudú cuando conoce el actual marido quien es el padre de "Leandra", así fue durante el ritual de iniciación ella cayo en posesión ritual y tuvo una participación central y muchas veces de decisiones de cómo hacer y organizar los preparativos durante el ritual de iniciación, su participación tuvo que ver con la influencia de su marido. Durante la preparación de la iniciación ritual, estaba al frente, dirigiendo los preparativos de la comida, el arreglo del altar, en la casita de "los misterios".

2. Segundo objetivo: Describir el comportamiento de la niña durante el ritual de iniciación en el vudú dominico-haitiano.

En este objetivo se cumplen los resultados de la investigación, donde se describe el ritual de iniciación que fueron comprobados en el 4.1.

La niña "Leandra" estuvo involucrada desde el inicio de los preparativos del ritual, haciendo mandados, ayudando a cocinar, a buscar leña, comprar alimentos, etc.

Hubo un momento durante el proceso ritual de iniciación en que la niña se mantenía atenta y pendiente por autoridad de su padre para que asimile las instrucciones que él le transmitía. Estas conductas se alternaban con otras, en las cuales se comportaba de manera natural, como una niña con periodos cortos de concentración. La capacidad de creer en el santo o el ser es limitada por su corta edad. Sus actuaciones eran inducidas por su familia, sobre todo por el papá, la mamá, el tío. El interés del papá es convertir a la niña en su sucesora espiritual cuando sea adulta, deseo que comparta con el santo de su abuela.

Durante la iniciación la infante estaba siendo instruida y dirigida por su papá haciéndole énfasis en la intensidad de los movimientos en el baile. En el momento de mayor exaltación la madre entendió que le había llegado "el ser", el santo y que estaba en posesión ritual. El tío la obligaba a bailar más rápido, incitándola a imitar a su papa, indicándole que moviera mucho los brazos y los codos. El tío personaje protagónico en la conducción ritual entendía que, a mayor movimiento, mayor presencia del santo en la cabeza de la niña. Ella en ningún momento habló, no tenía contacto con símbolos físicos que se conectara con otros santos, y a mi juicio, ninguna capacidad para identificarlos.

Para la familia fue de gran importancia, así como para la gente que estaba participando, que se concentrara en sus expresiones. Todo lo que hacia la niña era de manera imitativa, no mostraba acciones propias, siempre respondía a las instrucciones dadas de su papá, mamá y tío. Llego un momento, que la niña sale de repente de la ceremonia, los familiares entendieron que el ser se le había ido de la cabeza. No se podía esperar que la niña se identificara con algún "ser" o "santo" dada su corta edad; todo el tiempo, durante el proceso, exhibió un comportamiento inducido por sus padres y parientes cercanos, por esa razón, ella solo danzaba o bailaba en el ritual de iniciación.

Uniendo el estudio teórico investigativo, con la observación participante realizada, se define el ritual de iniciación en niños (as) del vudú dominico-haitiano como el proceso de aprendizaje sagrado inconsciente con compromiso en el tiempo.

"El padrinazgo religioso es una institución que se deriva de cuatro sacramentos del cristianismo que son el bautismo, la confirmación, el matrimonio y la ordenación, es que se ha extendido al campo profano, por ejemplo, a la investidura de profesionales y otra clase de investiduras, al bautismo de un objeto cualquiera, a la presentación de tesis, etc.".[39]

Es de suma importancia, lo planteado anteriormente, ya que, durante el proceso de la iniciación, se le presto la atención y el cumplimiento de satisfacción al Santo Zaka, la cual se procedió y se bautizó un vestido color azul, objeto que simboliza al santo. Después que se fue el "ser" o "santo" de la cabeza de la niña, ella se retiró y se acostó en un banquito, ya para la familia la niña no era importante porque se cumplió con el propósito que ellos habían establecido. En un momento

---

39   Castillo, Luciano: Parentesco Ritual en la República Dominicana. Bloque, Revista de Arte, Literatura y Ciencias Sociales. Nos. 3 y 4. 1974.84

3. **Identificar el comportamiento ritual de la niña después del ritual de iniciación**

En este objetivo se evidencia con los datos obtenidos a través de la observación participante.

La niña nunca supo sí estuvo en posesión ritual. Por lo que, decidió compartir con sus amiguitas y amiguitos porque ella no tiene ninguna responsabilidad basada en la creencia de cumplir con el ser que la eligió por medio a su papa, ni de creer en el "ser" o "santo" y convertirse en una servidora de misterios.

Le pregunte a la niña, cómo se sentía, me dijo que muy bien y no sabía decir que estuvo haciendo.

El comportamiento de la niña evidencia su inocencia. Eso facilita más a los padres y parientes cercanos insistir con disciplina las instrucciones que tienen que ver con el proceso de aprendizaje sagrado, en donde la niña va asimilando los patrones culturales de dicho proceso.

Su comportamiento después del ritual de iniciación junto con sus hermanitas y amiguitas y amiguitos reflejan un comportamiento normal que es modelado con la cultura aprendida por sus padres. No evidencia ninguna normalidad referida a una niña con problemas psiquiátricos. Solo la cultura hizo posible el cumplimiento de su padre con los seres de sus ancestros para hacer posible que la niña fuera incluida en el proceso de la creencia.

Conclusiones

La finalización y exposición de los resultados de esta investigación evidencia la gran importancia de los elementos simbólicos en los ritos de iniciación en el vudú dominico-haitiano. Asimismo, las particularidades que encierra esta ceremonia cuando se trata de menores que se inician de forma inducida en unas creencias que para su clan familiar reviste indudable importancia.

Por ello se podría afirmar que los objetivos planteados, se cumplen a cabalidad. Las informaciones obtenidas mediante las técnicas antropológicas demuestran que en el ritual de iniciación la figura central era la niña, como parte esencial para comprometerla, heredar la sabiduría sagrada sobrenatural de los seres y de sus ancestros, culturalmente hablando y convertirse en servidora de misterio y mantener la tradición de la religión vudú en el seno familiar consanguíneo (de sangre) que es la determinante en la estructura organizativa del vudú dominico-haitiano.

La fase previa de preparación a la niña, que consiste en la enseñanza, permitió la realización de la iniciación, fue al mismo tiempo uno de los roles que jugó la familia de ella y, además, la atención y la instrucción durante la misma.

Además la integración de la gente al evento sirvió como elemento motivador de apoyo, porque en su mayoría son creyentes y practicantes del vudú.

En la posesión ritual que tuvo la niña, es de gran satisfacción para la familia y para "el ser" o "santo" llamado "Zaka" la garantía de estabilidad emocional y económica, así como, seguridad, gozar de buena salud.

El proceso de aprendizaje con la niña, que consiste en asignarle el papel de comprar velas, ron, buscar el agua, entre otros, es decir, todo lo que simboliza y representa la creencia en los padres y sus parientes cercanos, se cumplió como uno de los objetivos fundamentales que hizo posible la integración y participación en el ritual de iniciación, aunque, de manera inconsciente por ser menor de edad.

La creencia de la gente en el vudú dominico-haitiano hizo posible la participación y el apoyo a la familia. Organizaron la ceremonia del ritual de iniciación. Eso fue un momento interesante que facilito la convivencia sociocultural entre la familia y la comunidad participante en los cantos, la danza (los bailes) la música, la preparación de la comida sagrada y pagana, en la ingesta de alcohol, en la invocación a los seres, en la posesión ritual, entre otros aspectos.

Finalmente, los datos obtenidos en esta investigación permiten decir que el vudú dominico-haitiano posee una estructura organizativa familiar consanguínea (de sangre) que facilita la preparación de la ceremonia ritual en niños y niñas. Me refiero a padres y madres, hijos e hijas y parientes cercanos, que ya son reconocidos por los "seres" o "santos" de la familia.

Recomendaciones

1. A partir de este estudio, que explora algunas particularidades simbólicas del ritual de iniciación de una infante en el vudú dominico-haitiano, la comunidad científica dominicana en general, pero sobre todo las ciencias sociales en particular, tienen abierta una puerta para el abordaje de un tema cuya relevancia cultural es innegable pero cuyas complejidades psicosociales todavía ameritan una profundización y mayor discusión. En ese sentido, para la Psicología social, Psicología clínica, la Psiquiatría, debería constituir una línea temática de investigación permanente el posible impacto emocional en los niños del ritual de iniciación en esta expresión ampliamente practicada en los sectores marginales de la población rural dominicana

2. De igual manera, y unido a lo anterior, se desprende la importancia que para la antropología social dominicana tiene esta manifestación y la necesidad de su sistematización sobre todo en lo

que concierne al peso específico que tienen las relaciones de parentesco en la sobrevivencia de una expresión cultural tan extendida en los bateyes como es el vudú dominico-haitiano.

Referencia bibliografía

Alegría, José Francisco, 1992. *Gagá y Vudú en la República Dominicana, Puerto Rico.* Santo Domingo: Ediciones El Chango Negro.

Andújar Persinal, Carlos, 1999. *Identidad Cultural y Religiosidad Popular.* República Dominicana, Editora Cole.

Bogaert García, Huberto, 1992. *Enfermedad Mental, Psicoterapia y Cultura.* Santo Domingo, República Dominicana. Editora Corripio.

Davis, Martha Ellen, 1987. *La Otra Ciencia: El Vodu Dominicano como Religión y Medicina Populares.* República Dominicana, Editora Universitaria UASD.

Deive, Carlos Esteban, 1975. *Vudú y Magia en Santo Domingo.* República Dominicana, Editora Taller.

Duch, Lluis. 2001. *Antropología de la Religión.* Editora Herder.

Eliade, Mircea, 2010. *Mitos, Sueños y Misterios.* Barcelona España. Editora Kairos.

Franklin, Gutiérrez, 2012. *El varón 1932 de cementerios, arones y tumba.*

Harris, Marvin, 1985. *El Materialismo Cultural.* Madrid, Alianza Editorial.

Herrera, Salgado Antonio, 1977. *La Brujería en Hispanoamérica.* México, Editora Costa Amic.

Hoijer, Harry y Beals, L. Ralph, 1978. *Introducción a la Antropología,* España, Editora Aguilar.

Hurbon, Laennec, 1978. *Dios en el vudú Haitiano.* San Antonio de Padua Argentina Ediciones Castañeda.

Levi Strauss, Claude, 1979. *Antropología Estructural,* México, Editora Siglo XXI.

Metraux, Alfred. *Vodu, Editora Sur.* Buenos Aires, 1958.

Moya Pons, Frank, 1986. *El Batey Estudio Socioeconómico de los Bateyes del Consejo Estatal del Azúcar.* Santo Domingo, República Dominicana, Fondo para el Avance de las Ciencias Sociales, Inc.

Patín Veloz, Enrique, 1974. *El Vudú y sus Misterios,* República Dominicana, Revista Dominicana del Folklor.

Peguero, Alejandro, 1999. *Religiosidad Popular La Cuestión del vudú Dominicano,* República Dominicana, Boletín No. 27, Museo del Hombre Dominicano.

Price-Mars, Jean, 2000. *Así Hablo el Tío.* Santo Domingo, República Dominicana, Editora Manatí.

Polanco, Arvelo Alejandro, 2012. *Tesis doctoral: Imaginario del Dominicano a través del refranero.* Madrid.

Ripley, Geo, 2002, *Imágenes de Posesión: Vudú Dominicano.* República Dominicana, Editora Amigo del Hogar.

Rodríguez, Manuel Tomas, 1975. *Papa Legba.* Santo Domingo, República Dominicana, Impresora Amigos del Hogar.

Rosenberg, June, 1979. *El Gaga: Religión y Sociedad de un Culto Dominicano –Un Estudio Comparativo–*. Santo Domingo, República Dominicana, Editora de la UASD.

Taveras A., Pedro y Reyes D., Félix, 1989. *Tesis Parentesco y Poder en una Comunidad del Cibao Central*. (Estancia Nueva, Moca) República Dominicana.

Tejada Ortiz, Dagoberto, 2013. *El Vudú en Dominicana y en Haití*. República Dominicana, Editora INDEFOLK.

Toribio, Juan Francisco, 2012. *Pobreza y Discriminación en el Edén del Caribe: Herencia del Ingenio Azucarero*. Santo Domingo, República Dominicana, Triunfo Fast Printing.

Turner, Víctor, 1999. *La Selva de los símbolos, Siglo XXI*. España.

Turner, Víctor. 1988. *El Proceso Ritual*. Madrid, España, Editora Taurus.

Van Gennep, 2008. *Los Ritos de Paso*. Madrid, España, Alianza Editorial.

Voces del Purgatorio, 1981. *Estudio de la Salve Dominicana*. Museo del Hombre Dominicano, Santo Domingo, República Dominicana.

Z. Vogt, Evon, 1993. *Ofrenda para los Dioses*. México, Fondo de Cultura Económica.

ANEXOS

Nota: La transcripción de estas entrevistas conserva el estilo, palabras, formas originales de todos los entrevistados.

Anexo 1.

Entrevista a Motlina, madre de Leandra, en la enramada donde se realizó la iniciación ritual.

Abreviatura

(Antropólogo) A   (Motlina) M

2/9/2016
A: ¿Como está usted? ¿Cual es su nombre?
M: Motlina

A: Motlina, ¿qué fue lo que se hizo y, por que se hizo aquí en esta enramada?
M: una fieta de santo

A: ¿Y cómo se llama esa fiesta?, ¿eso fue un vudú?
M: un vudú

A: ¿Por qué ustedes hicieron el vudú?
M: como el brujo tlabaja cada año una fieta, el brujo pala dale comide a lo santo

A: ¿Para darle comida a los santos?
M: y con la gente

A: ¿Y por qué Esmeralda estuvo participando en la fiesta?
M: eso no sé, no fue, no sé, no. Pero ya e su pai ella palticipe con su papa, polque tu sabe, la fieta e dello.
M: el pae y lo sijo polque cuando uno ta siendo una cosa por su sijo también porque yo no comprende porque ella hace eso se montaba porque ella taba montá

A: ¿Ella estaba montada?
M: si, si

A: ¿Y como usted se dio cuenta que ella estaba montada?
M: buen polque yo lo ve, ella ta bailando y ella nunca
baila en eso.

A: ¿Ella nunca bailaba en eso?
M: no

A: ¿Ella nunca se había montado en la casa?
M: no

A: ¿Fue ese día?
M: ese día la que primel ve

A: ¿La primera vez?
M: uju

A: ¿Entonces usted se dio cuenta porque estaba bailando?
M: buen yo no lo ve de otla folma polque así yo lo ve a
ella montao

A: ¿Y esa fiesta se hizo en honor a que?, es decir, ¿Clodi
decidió vamos a hacer el vudú? ¿Y por qué decidió hacer
el vudú?
M: el siemple acelo to lo año. Mila ete año mimo él tiene
fieta polque 7 de ete me que va a entla y él no podía, no
polque el no ta i

A: 7 de noviembre
M: cada 7 de noviembre

A: ¿Cuando estaba esmeralda con el todo lo que él hacía, le decía que ella tenía que hacerlo, lo hacía que él estaba haciendo con ella?

M: buen el palece quiele aplende a ella polque como te diga, si el no ta i o él tiene una pelsona llega ella pue tlabaja polque asi ta haciendo una cosa tu tiene que eta enseñando.

A: ¿Y por qué el decidio enseñarle a ella. Eso fue una decisión de él o de quién?

M: la decisio, el, polque ella no puede tomá decision, ella ta chiquita todavía polque el quiele ayudal cuando el no ta i pa sabe a en cual gente va deja en la casa.

A: ¿Cuando tú la viste montada como te sentiste?

M: buen, yo no siente bien, polque ata yo taba asuta. Yo me solplendi.

A: ¿Porque estaba asustada?

M: ja,ja,ja por va asi

A: ¿Te daba pena de ella?

M: aja

A: ¿Usted no cree que ella se le hizo eso por alguna revelación, porque los familiares de Clodi querían que se hiciera, o por qué?

M: Bueno, algo así, porque si lo santo no reclama a ella, ella no pode montase también.

A: ¿O sea, usted cree que un santo la reclamo a ella?

M: Eso mimo.

A: ¿Que santo? ¿Cuál fue ese santo?

M: Bueno e santo e´santo e´se yan y ena abajo (hombre abajo)

A: ¿Con esos dos santos. Usted se montaba desde chiquita?

M: Yo no. Yo mila, yo te vo a habla la velda, yo naci en
iglesia y cuando yo, yo casa con diclo, conoci esa pate del,
pelo yo nunca.

A: ¿En cual iglesia?
M: Evangeli

A: ¿Evangélica, y… donde se casó con Clodi?
M: Aquí mimo.

A: ¿Ah ustedes se conocieron aquí?
A: si, si aquí.

A: Ah ¿fue aquí en Santana que se conocieron?
M: si, aquí.

A: Ok, ¿dónde nació Esmeralda?
M: en Tamayo, si

A: ¿Cuantos hijos usted tiene con Clodi?
M: yo tengo tle (3) con él.

A: ¿En qué año nació Leandra?
M: Leandra nació el 2005, 14 de setiemble

A: ¿Y la otra?
M: nació el 15 de setiemble de 2009

A: ¿Y usted nació en Haití o en R.D.?
M: en Haití.

A: ¿Y qué tiempo tiene usted acá?
M: yo tengo 15 año aquí.

A: ¿Y Clodi cuanto tiene?

M: no, él tiene como 25 aquí ya.

A: ¿Entonces usted nunca había conocido seres? Usted nació en la iglesia? ¿Su papa y su mama eran evangélico?

M: vangelico

A: ¿Nunca tuvieron en vudú, ni nada?

M: no, vudú no, na, aquí, yo conoce to esa vaina.

A: ¿Fue aquí en Dominicana?

M: aja

A: ¿Y por medio a quien usted conoció?

M: por medio del malio mio, yo lo ve que ta en eso.

A: ¿Cuál es el santo de usted?

M: ja, ja, yo no tengo santo.

A: ¿Usted no tiene santo?

M: ja, ja, no.

A: ¿Y por qué no tiene santo?

M: poque si, poque no tengo. Ja, ja, yo nunca me ha montao tampoco

A: ¿Que… usted cree que a Esmeralda la estaban bautizando? La estaban iniciando para que aprenda?

M: si, el quiele aseñal a ella, si poque no ta montao, él decía a ella, así mila, conoce ese y ese, si mañana que yo no tlabajo pa levanta ___________________.

A: ¿Cuantos hermanos son ustedes de padre y madre?

M: mi… yo tenga mucho familia en balaona, tenga tío, pelo no tenga helmano.

A: ¿Tu mama está viva?
M: si, ta en Haití.

A: ¿Y tú papa?
M: no, mi papa yo no conocí a él, no.

A: ¿Tú no tienes hermana, ni hermano?
M: si, pelo yo lo dije a ello

A: ¿Cuantos hermanos tiene?
M: 2 – 3 alla con mi mama, no sé si palio ma. Son 15 año yo tengo. Pol que, mila porque yo tengo gente, muchacho, yo no tengo gente pa déjalo solo aquí, pa deja una muchacha asi sola e dulo.

A: ¿Aparte de los tres son hembras los tres?
M: si, tle hembla, yo tengo cinco, a palte tengo do con otlo hombre y a palte toy cliando uno.

A: ¿Y qué edad tú tienes?
M: yo tenga treinta.

A: ¿Y que usted hacía en su juventud?
M: bueno, yo tlabaja y negocio que no haga, pelo aola no hay negocio, pelo yo sigue igua.

A: ¿Usted tiene ese colmadito, ese ventorrillo?
M: si, y yo vende en el melcado también.

A: ¿Que usted vende en el mercado?
M: yo fui pal melcado a conpla ajo, cebolla, yo comple un chin de cada una pa´ levende.

A: ¿Usted llego a ir a la escuela en Haití?
M: no, no llego, no sabe nada.

A: ¿Por qué?

M: pol que mile, pol mi abuela polque cuando mi mama me manda pa la ecuela mi abuela, yo iba donde mi abuela yo no iba.

A: ¿Y que más le gusto en su juventud?

M: bueno, yo uso negocio que hay vida, polque si uno se pone a senta no enconla na.

A: ¿Esa fiesta que se hizo, que fue un vudú, fue un vudú haitiano, dominicano o dominico-haitiano?

M: bueno, ese fue dominico-haitiano polque toda la gente palticipalon.

A: ¿Por qué usted cree que es un vudú dominico-haitiano?

M: polque le guta ___________________ y e el que tiene que hacelo, no veldad?

A: ¿Y como usted se sentía cuando vio ___________________
M: cuando yo vi mucha gente ahí.

A: ¿Y cuando usted vio a Esmeralda ahí?
M: ja,ja,ja, la emeralda se ___________ a to el mundo milando ja,ja,ja.

A: ¿Y Clodi que hizo? ¿Cómo tú crees que Clodi se sintió cuando vio a Esmeralda?

M: bueno, el mimo taba montao cuando el vio a la muchacha no sabía.

A: ¿Él no sabía que la niña estaba montada? ¿Por qué él no sabía?
M: pol que el taba montao también.

A: ¿Y el día siguiente fue que él supo que ella estaba montada?

M: si, ella también supo al día siguiente

A: ¿Fuiste tú que le dijiste a Clodi que la niña estaba montada?

M: si

A: ¿Que dijo Clodi?
M: el ta, se ta riendo

A: ¿Y Esmeralda usted le dijo que ella se montó?
M: si etaba asuta

A: ¿Ella está en la escuela?
M: si

A: ¿Qué curso?
M: en seto

A: ¿Y cómo se porta ella en la escuela?
M: bien pol que nunca ___________________________

A: ¿Con quién juega en la escuela?
M: ella…

A: ¿Y después de la fiesta que se hizo acá, no se ha montado más?
M: no se a montao polque no había ma fieta.

A: ¿La fiesta que se va a hacer ahora noviembre 2016 tú crees que ella se montaría?
M: bueno, si, yo no creía cual fieta va se, polque no hay facilida pa cela polque mila la situación, el pleso.

A: ¿Dónde es que está preso?

M: en Neyba

A:¿Hoyestamosa2deseptiembre_________________________

A: ¿Y los hermanitos supieron que ella estaba montada?

M: si

A: ¿Y Rigo, el tío, que hizo?

M: el hermano del, el vivi pa´Vicente Noble. El no a oído na´ polque cuando el oye ta pleso coge pa´ca, y yo no ha vito a él.

A: ¿Cuándo Esmeralda se montó, eso salió de ella? O ustedes la venia preparando?

M: no, nadie la plepala a ella, así se queda.

A: Okey, hace mucho calor eh. Por último. Ahora si.

Hay algo que yo observe. Vi cuando estaba montada. Ella no hablo. ¿Por qué no hablo?

M: no se, no sabe

A: Lo único que vi es que estaba bailando.

M: yo también, ella no hable, no hice na, no, nama bailaba.

A: Bueno….

Entrevista realizada el 25/12/2016 por el antropólogo, al servidor de misterio, Ticlo (Clody) padre de Leandra en la casita de misterio.

(Antropólogo) A (Ticlo) T

A. ¿Que se celebraba en la enramada?
T. - Se celebró un vudú dominico-haitiano.

A - ¿Por qué dominico-haitiano?
T. Porque yo vive aquí, la gente dominicana y haitiana

A ¿Por qué participo la niña?
T. Pore el santo que reclama a ella

A ¿Cómo se llama el santo?
T, Zaca tiene un macuto y siempre anda comida ahí

A ¿Leandra se montó?
T, si monto

A ¿Tú supiste cuando se montó la niña?
T. claro que si cambia momento el santo me jala ella baila buca vela, aquí ya ella ta monta tambien habla

A ¿Por qué el santo la reclama?
T. por destino la reclama

A ¿Cuál fue el ser que reclamo a la niña?
T. el ser que reclamo a la niña e por parte de mi mama, se llama (zaca ella va a trabaja como yo.

A ¿Ella puede trabajar ahora?
T. no trabaja cuando ta grande ahora ta Chiquita, no puede tener ser porque es fuerte pa ella.

A ¿Cuándo ella tendrá fuerza para tener un ser?
T, cuando grande yo lava la cabeza , la cara pa tene fuerza
y ve el ser en haitiana e lave tete

A ¿Cómo se lava la cabeza?
T con hoja, agua refresco, jabón, así

A ¿Cuándo ella va a trabajar?
Yo, quele que ella aprenda un poco ma, pero hay una parte de trabajo que puede hace mandao a buca vela, agua pan,
pero ella ta etudiando yo, quele que etudia,

A ¿Qué tiempo tiene tu que viniste de Haití ?
T desde 95 aqui aprende en haiti

A ¿Cuantos hermanos tiene?
T 7 cuatro hembra tle varón

A ¿Tu papa trabaja con los seres?
T mi papa trabaja ser con uno hermano , sigue trabajo con
el ser zaca trabaja una Hermana

A ¿Que tu hacía en Haití, tu estudiaba?
T llego a primer, a cuatro año empieza con mi papa, a los
17 año a trabaja, yo enseña a la niña así como mi papa, cuando aprenda mas trabaja el destino reclama a ella.

A ¿Qué comida tiene el macuto de Zaca?
T, maíz, coco, maní, afiba, bombón, ron, tabaco

A, ¿A los cuantos años tú empezaste a trabajar con tu papa?
T, yo, a los 17 año, pero comienza chiquito por mi papa

A ¿Cuántos años tienes?
T yo, tiene 38 año, yo vine a los 17 año de Haití

A ¿De qué parte de Haití eres?
De tomazo

A ¿A qué te dedicaba en Haití?
T trabaja en brujería

A, ¿Tu estuviste preso por qué?
T el consorcio dijo que yo, coge su tierra, yo preso en Neyba

A ¿La niña hizo algo para que lo suelte?
T como te dije orita hice algo pa solta, le dije a la mama, que compre polvo vinivini, ron, polvo rojo,.

A ¿En la ceremonia tu no iniciaste con la campanita, fue con el chacha y la maraca, por qué?
T, la campanita ta partio, no sirve por eso trabaja con el chacha

A ¿Que se le hizo a la niña en la enramada?
T una iniciación

A ¿Por qué usted inicio la ceremonia y no lo hizo un asistente suyo y de samba?
T porque una samba tiene que saber que canto va a cantar, hay santo dulce y santo amargo, si no eta plepalao , pa cada ser

A, ¿Cuantos hijos tú tienes?
T por to catorce, cuatro con Motlina, con una que cria yo, conocí aquí

A ¿Por qué en la ceremonia tú no usaste el pito?

T, No ya ta debaratao, yo voy a trae uno de Haití

A ¿Por qué le untaste sangre de los animales sacrificados en la ceremonia a las hermanitas menores de Leandra?

T para protege, tene fuerza que no pasa na

A ¿la ropa de misterio que usted uso en la ceremonia como lo conseguiste?

T yo, traje de Haití to

Anexo 2

Parte de la vida del padre de "Leandra"

El padre de la niña Leandra, servidor de misterio, nació en un pueblo llamado Tomazo en Haití, él tiene 38 años, dice que a los 4 años de edad su papa, lo integro a la religión vudú, más luego comenzó a enseñarle para que aprendiera y conociera como se presenta y se manifiestan los elementos culturales de la creencia en el vudú. Él fue iniciado, aprendió y luego a los 17 años se empezó a trabajar es decir se convirtió en un servidor de misterio en Haití, su papá es servidor de misterio en Haití, tiene 7 hermanos, cuatro hembras y tres varones, hay una hermana que es servidor de misterio en Haití, él dice que su actividad social y cultural desde niño fue trabajar con su padre, en el mundo mágico religioso.

El papá de Leandra vino desde Haití a la República Dominicana en 1995, conoció a su actual mujer llamada Motlina en el batey santana actualmente, tienen 4 hijos, 3 son biológico del servidor y una es de crianza que pertenece a la mujer. Él tiene con otras relaciones más hijos en total son 14 hijos.

Parte de la vida de la madre de Leandra

Motlina, madre de Leandra, nació en Puerto Príncipe, Haití, tiene hermanos en Haití, su madre está viva, vive en Haití, ella no conoció a su padre, en su país no hizo vida en la religión vudú, su familia y ella eran evangélica solo se dedicó a la iglesia, no fue a la escuela, hace 15 años que salió de Haití hacia la República Dominicana, conoció a Clodi el papa de Leandra en el batey santana República Dominicana, actualmente tienen 3 hijos, pero en total ella tiene 5 hijos.

Conoció el vudú en República Dominicana por medio de su marido, ella cree en la religión vudú, tiene 30 años de edad, se dedica a la venta, al comercio informal, tiene un pequeño colmadito en la casa.

Actualmente la niña Leandra, vive con sus padres en el batey santana, estudia en la escuela José Martí del mismo batey y cursa el sexto curso de básica.

Anexo 3

Canciones del vudú del ritual de iniciación

Chante: vodou
Tit: legba
Avoudayi- wi bila bila congo
Le bouda chita kotel chita ate

I

-legba nan barye sak poko konnen mwen kote'm pase
mwen gate ,mwen komande
(tilolooooooo)
-ooo legba nan barye sak pa konnen nou , kote nou
pase nou gate nou komande .
Anmwey ooo, oh sen helen manmanm jije rezon, pale
pawol , oh
Nou nan barye , sak poko konnen nou , kote'n pase
nou komande
Anmwey ooo, oh sen helen manmanm jije rezon, pale
pawol , oh
Nou nan barye , sak poko konnen nou , kote'n pase
nou komande.

II

Gran gozye bel fanm, fanm jan petro (tilolooooooo)
Manbozi la bel fanm, mwen malad ohhh(adye)
Gran gozye bel fanm, fanm jan petro (tilolooooooo)
Manbozi la bel fanm, mwen malad ohhh(adye)
Sa ki mande pou manbozi yo , oh nou la nou malad ,

La gen maladi manbozi la bel fanm jan petro fe kichoy
Pou nou, nou la nou sou kont ou (ma-
cheeeeeeeeeeeeeeeeeee)

III

Ezili ,ezili, ezili, nou nan kod ohhh
Neg yo di ya manyen nou , eske se vre
Ezili ,ezili, ezili, nou nan kod ohhh
Neg yo di ya manyen nou , eske se vre
Manze mari mwen pa bwe dlo nan gode
Men lakay mwen se nan ve mwen sevi lwa yo
Manze mari mwen pap bwe dlo nan gode lakay mwen
(tilolooooooooooo)
Se nan ve mwen kenbe lwa yo,
Lakay an mwense nan ve mwen fout sevi lwa yo (tilo-
looooooo)
Wi manze mari mwen pap fout bwe dlo nan gode la.

Canto : vudú
Titulo : legba

I

Legba está en la puerta, los que aún no me conocen les
digo que ya estoy acostumbrado ,
donde sea que yo este yo mando
-oh legba está en el portón, aquellos que aún me des-
conocen les repito que ya estoy acostumbrado , donde
quieren que yo este mando yo
Auxiliooooo , santa helena mi madre , juzga y dame la
razón
Habla por mi y dile que estamos en el porton ,
aquellos que no me conocen , dile que donde sea
que yo este yo mando

II

(gran garganta) mujer linda, mujer de juan pedro (
pilolooooooo)
(Man zombi) la bella mujer, estoy enfermo ohhhh (
pobrecita)
Aquellos que preguntan por manzombi, estamos aca
estamos enfermo ,
Aca hay enfermedad, manzombi la bella esposa de
juan pedro
Haz algo por nosotros, estamos aquí dependemos de ti
(daleeeeeeeeeeeeeeeee)

III

Ezili, ezili, ezili,estamos encadenados ohh
Algunos dicen que pueden tocarnos, ¿es verdad?
Maria no bebo agua en jaro, pues en mi casa les sirvo a
los espiritus en vaso
Maria (ooooo) te digo que no tomo agua en maldito
jaro (piloloooooo)
Pues en mi casa les sirvo a mis espiritus

Chante: vodou
Tit: mwen al lakay zaka

-I- (2 fwa)

Mwen antre nan lakou zaka aa ,mwen se pitit rasin met
bosu m vin mande yon demand ,
Adye ohh , mwen rantre nan lakou zaka ohh , mwen
se pitit rasin met bosou m vin mande yon demande
ohhh , ou we zoo, yo we zo , nou gen montay na monte
pilolooooo
Yo bannou chay la pote, nap potel ohhhh , sa se
vreeeeeeee
Pale ak sen an pou mwen , zaka bosou pale ak sen an
pou mwen ,
Envite sen an pou mwen , zaka bosou men sen an pral
desann pale ak sen an pou mwen ,
Vale pale mwen konnenm pale ak sen an, men sen
an pa janm koutem , zaka bosou pale ak sen an pou
mwen .

-II- (2 fwa)

Mwen pral desann anba mwen pral mande zanmi ki
lwen mwen yo

Ogou feray o , mwen pral desann anba mw pral mande
zanmi ki lwen, oh pa pranm ohhh ferayyy
Sim vin mandew yon bwa galet map wont ohhhh ,
piloloooo
si neg yo mare konplo pou yo banm pwazon pa pranm
pa pranm pa pranm , men yo mare konplo pou yo
touyem ,
pa pranm pa pranm men yo mare konplo pou yo
banm pwazon zaka pa pranm pa pranm.

Canto: vudú
Titulo : fui donde Zaka

-I- (2 veces)
Yo entre en el patio de Zaka aa, soy hijo de raíz de
Bosu , vengo a hacer una petición
(adye) ohh , entre en el patio de Zaka ohh , soy hijo de
raíz bosu , vengo a hacer una petición , petición ohh ,
vemos huesos , ellos ven huesos, subiremos a montaña
pilolooooo
Ellos nos acusan, nos encargaremos
Hable con el santo por mi , ohh Zaka hable con el
santo por mi
Invite al santo por mi, Zaka Bosu el santo esta por
bajar , hable con el por mi
Pues yo he hablado mucho con el santo, pero el santo
no me oye , Zaka Bosu hable con el Santo por mi

-II- (2 veces)
Voy a bajar, voy a pedir a los amigos de lejos , Ogou
feray,

Voy a bajar, voy a pedir a los amigos de lejos , que no
me lleven ahora (morir) Ogou feray ,
Si vengo a pedirte una madera (Galet) sentiremos
avergonzados ohhhh pilolooooo
Si ellos hacen su complot para envenenarme, no me
lleves (no me dejes morir)
No me lleves , ellos hacen su complot para matarme
No me lleves, no me lleves ellos hacen su complot para
envenenarme, ohhh Zaka no me lleves

Chante: vodou
Tit: mande zaka

-I-

Nou pral rele Bondye avan nou lapriye devan ginen yo
Nou pral mete ajenou nou pral mete ajenou pou nou
priye nan pye ginen yo
O lwa nan ginen , ki akonpayne nou depi nan peyi
lafrik
O lwa zaka ki retiren anba esklavaj.
Ezili ohhh m pral rele pwen an , mw gen yon lwa ki
danse nan tet mw jou ti neg konnen li map fe yo kado
yo pwen an
Ezili manman map rele pwen an ezili bapyan map rele
pwen an ezili danto an , ezili pedro pilolooooooooo
Ezili lwa zaka fe yo wew, ezili zaka fe yo wew jan petro
papa , anndan dife ya yo ap we nou ap navigue
Nap fe yo we aaaaaa, nou pral fe yo we aaa , fe yo
weeee oooo , piloloooooo

Zaka, ya manyen mwen se si Bondye vle , lwa mwen
nan tet mwen
Yo di yo pral manyenm se pa vre , yo di yo pral touyem
se pa vre ,
Nan silo, tokay ohh , si Bondye vle , fe maji sou maji ,
wanga sou wanga , se pa vre
Lwa zaka danse nan tet mw , lew panse ou pral tuyem
o unan manti wi ,
Fe maji sou maji, mete wanga sou wanga se pa vre non
.piloloooooo
Malfekte di yo ka touyem, ohh ki kote sa , fe sa yo
konnen ,
Ezili danto, ezili bapyan, wanga sou wanga yo fe nap
tan

Okay wi mwen al deye pwen, sou mon lakil m desann
nan fon lanme
Mwen al we met simbi nan dlo, 7 jou nan men papa
lekwe
Mwen soti ak pwen mwen, leogane mw pase pran
pwen an
Mwen metel sou dom, m rantre nan bouk potoprens
Se leogane, leogane , leo leo leo gane gane gane ,
Map mouri yon jou dimanch swa, lem ap antere ti neg
nwa pap konn afe mwen .

Canto: vudú
Título: pide a Zaka

-I-

Vamos a clamar a Dios antes de orar a los guineanos
Vamos a prosternar nos, vamos a prosternar nos para
lamentar a los pies de los guineanos
Oh espíritu de Guinea, que nos acompaño desde
África
Oh espíritu de Zaka que nos liberó de la esclavitud
Ezili ohh, voy a interpelar a mi reguardo, tengo un
espíritu que me acompaña , el dia que otro se lo sepa el
nombre se los regalare
Ezili ohh voy a interpelar al reguardo, Ezili (Bapyan) ,
interpelare el reguardo , oh (Ezili Danto) , Ezili pedro
Pilolooooooo
Ezili espíritu Zaka aparezca, Ezili Zaka ogh aparezca
jean Petro papa, en el fuego nos verán navegando
Les demostraremos, aaaaa, les demostraremos aaaa.
Aparezca ooo pilolooooooo

-II-

Zaka pueden toparme, pero es si DIOS quiere , estoy
montado
Ellos dicen que me toparan , no es cierto, dicen que
me van a matar , no es cierto
All en Silo, compadre ohhh, si DIOS quiere, hacen
brujería, hacen guangua, no me llegan

109

Estoy montado de Zaka, cuando creen que me van a matar, eso es mentira
Hacen brujería, hacen guangua, no es cierto pilo-looooooooo
Los mala fe dicen que me pueden matar, y donde, hacen lo que saben
Ezili danto , Ezili bapyan , ellos hacen guangua , les esperamos
Desde los cayos yo fui a buscar mi reguardo, en la montaña (lakil) baje hasta el fondo del mar
Yo fui a ver las sirenas, dure 7 dias donde padre lekwe
Sali reguardado, alla en leogane pase a renforzarme
Me lo puse en los hombros, entre a puerto príncipe
Es leogane, leogane, leo , leo, leo gane gane gane,
Me moriré un domingo en la noche, cuando eso nadie no sabra mis cosas.

Anexo 4

Imágenes del ritual del vudú

Presencia del servidor de misterios, padre de "Leandra" invocando a los dioses y la gente observando en la enramada en donde aparece un "Vevé" en el suelo propio del vudú

Imagen 1. Servidor de misterio invocando a los seres, iniciando el ritual. Tocando Chacha (Maraca). Se observa la silla con el macuto y el vestido del ser Zaká y el dibujo del Vevé en el suelo.

Imagen 2. El servidor de misterios, junto a la madrina y el padrino, bautizando el vestido y el macuto del santo zaká (Objeto sagrado)

Imagen 3. Altar de los santos pertenecientes al servidor de misterios.

Imagen 4. Fuego producido por leña con un tubo en el medio donde mantiene vivo la energía de los santos hasta terminar el ritual de iniciación.

Imagen 5. Madre de "Leandra" con un plato de chaca cocinada para los santos.

Imagen 6. Se observa al tío de "Leandra" agarrando a la madre en posesión ritual con el papá con una vela encendida, frente al árbol sagrado.

Imagen 7. Casa de la familia de "Leandra".

Imagen 8. La casita de los "misterios".

Imagen 9. La madre de "Leandra" en posesión ritual es abrazada por su marido quien es el servidor de misterios, padre de "Leandra", siendo observado por el tío, hermano del servidor de misterios en la enramada.

Imagen 10. Tambor llamado Catá.

Imagen 11. 2do tambor

Imagen 12. Manman Tambú (Palo mayor)

Imagen 13. Instrumento musical Sembal, se toca con un palo encorchado.

Imagen 14. Los músicos tocando en el ritual de iniciación.

Imagen 15. Servidor de misterio dándoles instrucciones a los músicos en la enramada, con la participación de la gente y el sambá está parado con poloche blanco muy atento a las instrucciones.

Imagen 16. El papa de "Leandra" junto a ella, saludando y pidiéndole permiso a los seres para tener buen resultado del ritual de iniciación. Se presentan varias cruces que simbolizan a los seres.

Imagen 17. El papá de "Leandra" en la enramada junto a ella saludando a los seres y dándole instrucciones a ella.

Anexo 5

Mapas de la región,
provincia Bahoruco y Batey Santana

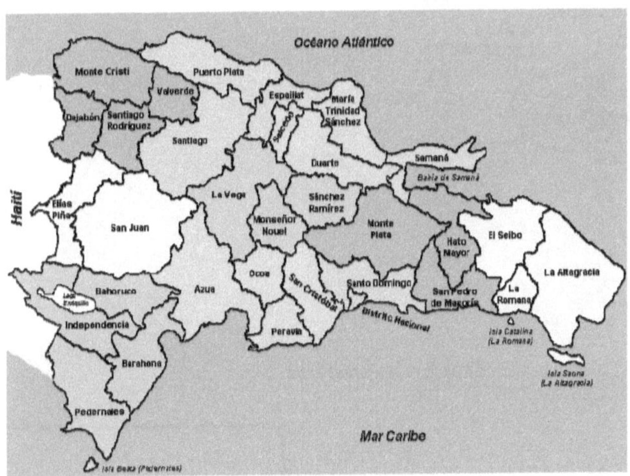

Imagen 18. Mapa de La República Dominicana

Imagen 19. Mapa de la Region Enriquillo

Imagen 20. Mapa de la provincia de Bahoruco

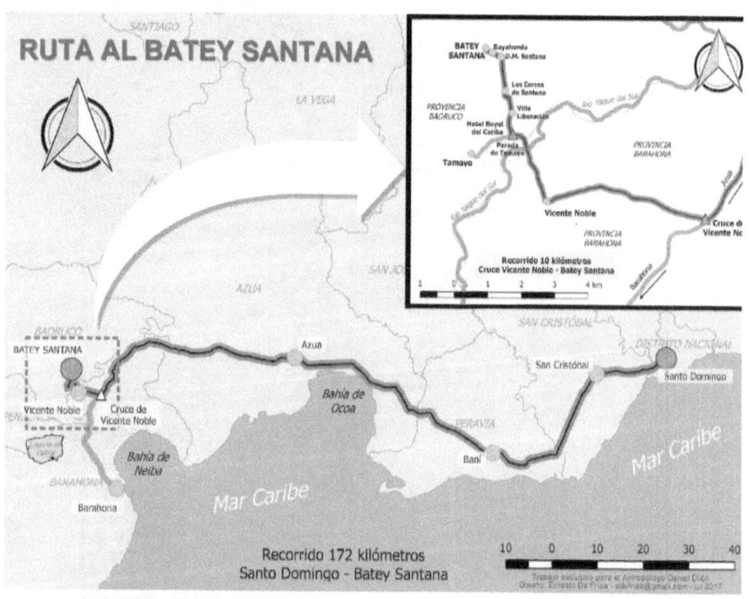

Imagen 21. Ruta al Batey Santana

Fuente: Antropólogo Daniel Dilón, Ing. Resnick Santana.

Imagen 22. Lugares Relevantes del Batey Santana.

Imagen 23. Escuela Básica José Martí.

Imagen 24. Unidad de Atención Primaria (UNAP)

Imagen 25. Barracón de Block

Imagen 26. Barracón de madera

Imagen 27. Producción y venta de carbón

Imagen 28. Iglesia de Jesucristo, Bendiciendo al Prójimo.

Imagen 29. Sociedad Lucas. Centro de Nutrición.

Imagen 30. Casa de familia ubicada en Cachimbá

Imagen 31. Barracones del Batey

Imagen 31. Cancha de baloncesto del Batey Santana.

Imagen 32. Acueducto del Batey Santana.

Imagen 33. Iglesia Adventista, ubicada entre el Batey Santana y Bayahonda.